Les grands secrets du monde de l'illusionnisme

Chez le même éditeur :

- *Comprendre la peinture*, Stephan Little
- *Le christianisme*, Claude-Henry du Bord
- *La logique facile*, Dennis McInerny
- *Tout sur la mémoire*, Tony Buzan

Jacques H. Paget

Les grands secrets du monde de l'illusionnisme

EYROLLES

Éditions Eyrolles
61, Bld Saint-Germain
75240 Paris Cedex 05
www.editions-eyrolles.com

Mise en pages : Istria

Illustrations
Couverture : affiche du Palarium Cirque
Quatrième page de couverture, en haut : Adolph Friedlander
Quatrième page de couverture, au centre : La femme fantôme Marbrus

Le code de la propriété intellectuelle du 1er juillet 1992 interdit en effet expressément la photocopie à usage collectif sans autorisation des ayants droit. Or, cette pratique s'est généralisée notamment dans les établissements d'enseignement, provoquant une baisse brutale des achats de livres, au point que la possibilité même pour les auteurs de créer des œuvres nouvelles et de les faire éditer correctement est aujourd'hui menacée.
En application de la loi du 11 mars 1957, il est interdit de reproduire intégralement ou partiellement le présent ouvrage, sur quelque support que ce soit, sans autorisation de l'Éditeur ou du Centre Français d'Exploitation du Droit de Copie, 20, rue des Grands-Augustins, 75006 Paris.

© Groupe Eyrolles, 2006, ISBN 2-7081-3398-5

Sommaire

Introduction 7

Chapitre 1 : Comment devient-on illusionniste ? 13

Chapitre 2 : L'évolution de l'art de l'illusion à travers les âges 35

Chapitre 3 : Les grands personnages du monde de l'illusionnisme 59

Chapitre 4 : Les principes fondamentaux de l'illusionnisme 75

Chapitre 5 : Les différentes catégories de numéros d'illusion 93

Chapitre 6 : Les tours mythiques de l'illusionnisme 111

Chapitre 7 : Techniques et trucages 127

Chapitre 8 : Chacun son tour : à vous d'étonner vos amis 149

Chapitre 9 : Glossaire de quelques termes et techniques utilisés en illusionnisme 179

Bibliographie 193

Index 199

Table des matières 205

Introduction

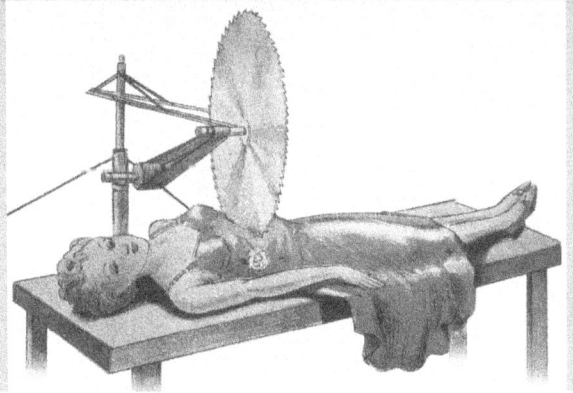

L'illusionnisme, art ancestral, universel et fascinant

Dans les temps primitifs, toutes les organisations sociales humaines se réunissaient autour de trois types de pouvoirs : le guerrier, le religieux et le sorcier. Le pouvoir guerrier assurait la protection du clan et pourvoyait à ses besoins par la chasse ou la conquête de nouveaux territoires. Le pouvoir religieux donnait un sens à la vie et une légitimité divine au pouvoir guerrier. Le pouvoir sorcier soignait, protégeait et démontrait, si besoin était, la puissance du pouvoir religieux. Ces trois pouvoirs étaient interdépendants, chacun trouvant sa raison d'exister par la présence des deux autres. Le membre d'un clan si bien structuré se sentait rassuré dans son mode d'existence.

Dans nos sociétés modernes, ces trois pouvoirs ne se soutiennent plus : le guerrier est devenu le « politique » et s'est séparé du religieux ; le sorcier, pour subsister, s'est scindé en deux branches, d'un côté le « scientifique » et de l'autre « l'illusionniste » à la suite, comme nous le verrons, d'une « chasse aux sorcières ». C'est sans doute l'une des raisons du déséquilibre de nos sociétés occidentales où l'individu se sent justement « déstructuré ».

À une époque où les romans ésotériques de Dan Brown, les aventures de Harry Potter, le film *Ma sorcière bien-aimée* et les programmes télévisés présentent des magiciens connaissent des succès internationaux, cet ouvrage va tenter d'apporter un éclairage culturel précis sur l'univers peu connu de l'illusionnisme. D'où vient-il et comment s'est-il développé ?

Les grands secrets du monde de l'illusionnisme

Depuis son apparition sur terre, l'être humain a toujours cherché à comprendre les nombreux phénomènes mystérieux de son environnement, que ce soit la naissance du feu, la foudre, l'arc-en-ciel, le cycle des saisons, le mouvement des planètes ou les vertus des plantes. La connaissance des mécanismes de la nature ayant pour effet de le rassurer en le débarrassant de ses frayeurs primales. Pourtant, au-delà de son désir de tout expliquer, l'homme reste attiré par ce qu'il ne comprend pas. « La plus belle des rencontres est celle du mystère » disait Albert Einstein. À la fois fascination pour ce qui échappe à la raison, et envie de surmonter la peur par un besoin d'explication rationnelle.

Très tôt au cours de leur évolution, les hommes ont ressenti le besoin d'être au contact de l'incompréhensible et ont pris du plaisir à observer des phénomènes inexplicables. Le besoin de croire chez l'être humain est très fort et transparaît dans les contes et légendes de toutes les parties du monde. Il a naturellement suscité l'envie de mystifier et de produire, par des procédés rationnels, des phénomènes en apparence incompréhensibles. Et ceci dans toutes les parties du monde : Grèce, Chine, Mexique, dans les tribus primitives d'Afrique comme dans la civilisation égyptienne.

Toutefois, ces procédés ont été utilisés à des fins différentes au cours de l'histoire. Selon les époques, ils ont servi à laisser supposer des manifestations divines, à justifier la détention de pouvoirs divins, à dénoncer des relations avec le diable, à l'avènement de l'alchimie, à la croyance dans le pouvoir de l'esprit sur la matière, au spiritisme et à la communication avec les esprits, pour devenir aujourd'hui un divertissement de télévision et de music-hall.

Les premières traces de l'existence de cette activité remontent à l'Antiquité. Les illusions, les mirages, les énigmes, les mystères et les paradoxes ont fasciné toutes les civilisations au cours des âges. La plupart des phénomènes produits aux différentes époques étaient dus essentiellement à l'utilisation d'objets ou d'accessoires truqués permettant de fasciner les populations en laissant supposer le recours à des pouvoirs divins.

Introduction

Pour faire ce tour d'horizon de l'illusionnisme, nous commencerons par la question que beaucoup se posent : comment devient-on illusionniste. Nous verrons ensuite l'évolution de cet art au cours des siècles et à travers ses grands inventeurs. Nous finirons en exposant les principes généraux de l'illusionnisme puis quelques tours particuliers.

Chapitre 1
Comment devient-on illusionniste ?

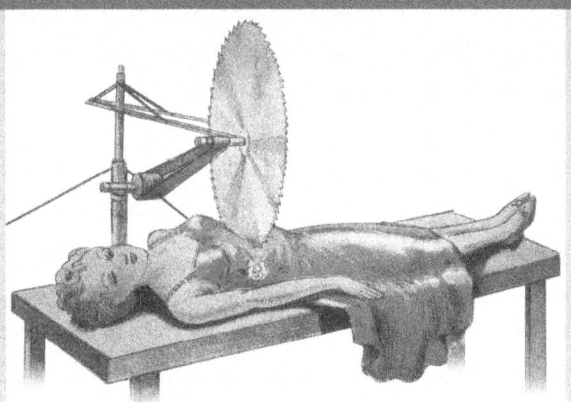

À quel âge commencer ?

Pour tous les enseignements, plus on apprend jeune, plus le cerveau est réceptif à une modélisation, mémorise plus facilement les notions et assimile rapidement les techniques. Aussi, un apprentissage précoce favorise indubitablement un acquis rapide tant sur le plan physique que sur le plan intellectuel. Il n'en reste pas moins que pour l'illusionnisme, commencer trop tôt, c'est-à-dire avant six ou sept ans, n'est pas forcément un atout. Les mains, pas encore assez développées, ne permettent pas la maîtrise de certaines techniques gestuelles. Et surtout, avant six ou sept ans, l'enfant n'a souvent pas encore l'« âge de raison », c'est-à-dire la maturité lui permettant la construction d'un raisonnement. Sa faculté d'abstraction n'est pas assez développée, faculté essentielle en illusionnisme tant la plupart des tours en sont imprégnés.

On peut toujours commencer par des tours simples, ne requérant aucune habileté particulière et très peu d'abstraction. Mais cela a souvent pour effet de frustrer l'élève qui ne voit alors dans ces tours que des informations peu valorisantes au regard des secrets qu'il espérait découvrir. Son intérêt retombe alors assez vite, l'enfant s'orientant alors vers une autre activité pouvant lui donner plus rapidement le sentiment d'être pris au sérieux.

Pour l'illusionnisme, l'âge idéal pour commencer un apprentissage sérieux se situe vers douze ou treize ans.

Les grands secrets du monde de l'illusionnisme

Faut-il avoir un don ?

Le don serait une prédisposition attribuée à la naissance donnant la maîtrise naturelle, c'est-à-dire sans effort, d'une technique ou d'un art. Le chant, la danse ou le dessin sont les domaines où la notion de don est très souvent évoquée. En réalité, et dans la plupart des domaines, même si certaines facilités peuvent apparaître d'emblée, le don véritable ne se révèle qu'après un travail, un entraînement souvent long et fastidieux. En fait, même si le don existe au départ, il ne mène à rien s'il n'est pas développé par l'exercice. Il en va ainsi en illusionnisme : personne ne possède un don initial lui permettant de faire apparaître ou disparaître des objets de manière naturelle. Ce ne serait plus de l'illusion mais un miracle. Il faut apprendre, et c'est au cours de la période d'apprentissage que le don peut se révéler dans la facilité plus ou moins grande à maîtriser certaines techniques. Il est donc important de dire qu'aucun don n'est requis au départ.

Ce qui est tout de même nécessaire, c'est d'avoir une bonne mémoire. En effet, un tour de magie est une suite logique et cohérente d'actions qui s'enchaînent les unes derrière les autres dans un ordre précis. Il faut se souvenir de ces enchaînements de séquences et pour cela les mémoriser.

Le trait de caractère le plus utile pour maîtriser cet art est certainement l'obstination, compte tenu des difficultés à surmonter dans l'acquisition de certaines techniques. Notamment avec les petits objets, tels les cartes à jouer ou les pièces de monnaie.

Existe-t-il des « écoles » d'illusionnisme ?

À proprement parler, il n'existe aujourd'hui aucune « école de magie » telle que l'on pourrait en rêver et dans laquelle des professeurs spécialisés seraient chargés d'enseigner à des élèves attentifs la tricherie aux cartes,

1. Comment devient-on illusionniste ?

la transmission de pensée, la lévitation ou l'art de dérober les montres et les portefeuilles...

N'oubliez jamais que le principe fondamental sur lequel repose cette activité est le secret. Une école largement ouverte au grand public ne peut être qu'une supercherie. Soit les véritables secrets de l'illusionnisme y sont vraiment dispensés, mais ils sont en quelque sorte « galvaudés » en étant mis à la portée du public et perdent ainsi immédiatement leur valeur. Soit, et plus probablement, les secrets dispensés ne sont pas de grande valeur, et l'étudiant paiera certainement un prix toujours trop élevé pour un enseignement peu intéressant.

> *Il exista aux États-Unis entre 1940 et 1955 une véritable « école d'illusionnisme » installée à Los Angeles et créée par Marian et Ben Chavez. Elle était cependant réservée à une petite élite d'artistes scrupuleusement choisis et sélectionnés, qui entamèrent tous des carrières professionnelles, parmi lesquels Channing Pollock, l'inventeur des techniques d'apparitions de tourterelles.*

Si aucune école ne dispense un enseignement de qualité, alors comment apprendre ? La meilleure manière reste l'initiation qui va du maître au disciple. Après avoir acquis par soi-même quelques notions rudimentaires du domaine et commencé à maîtriser des tours simples par l'étude d'un ouvrage de vulgarisation comme celui-ci, l'étudiant désireux de progresser tentera de nouer des contacts avec des experts de cette spécialité. Certains d'entre eux, considérés comme des « maîtres », c'est-à-dire détenteurs de la presque totalité d'un savoir et capables de le transmettre, pourront estimer, après plusieurs entretiens, le degré d'intérêt du postulant et ses aptitudes à progresser dans l'acquisition des nombreuses méthodes et techniques qu'exige cet art. Le maître cherchera surtout à apprécier le degré de confiance de l'élève pour évaluer dans quelle mesure

Les grands secrets du monde de l'illusionnisme

il sera digne de son enseignement et respectueux des secrets qui lui seront confiés.

L'acquisition de connaissances et de techniques de base demande entre six mois et un an d'études. La moyenne de temps pour commencer à maîtriser valablement les méthodes varie de trois à cinq ans selon les capacités et l'acharnement de l'élève. Le niveau professionnel réellement sérieux n'arrive jamais avant moins de sept années de travail assidu.

Faut-il beaucoup d'argent ?

La pratique de l'illusionnisme est généralement un art onéreux. Mais tout dépend du mode d'expression que l'on souhaite pratiquer. Le *close-up* est le plus économique si l'on ne rentre pas dans la spirale infernale de vouloir acheter tout ce qui s'y rapporte. Le *close-up* requiert pour démarrer quelques tapis de cartes, une centaine de jeux, quelques accessoires. Et surtout beaucoup de temps et de patience à consacrer à l'entraînement. On prendra utilement des cours avec des maîtres du domaine. Six à huit mois permettent d'acquérir de solides notions. L'achat d'une vingtaine d'ouvrages viendra compléter le bagage culturel de l'étudiant motivé. Mais attention, le prix des cours et des livres reste proportionnellement très élevé, afin de protéger les secrets.

Si l'on veut faire de la magie dite « générale » sur scène ou en salon, les accessoires sont plus nombreux, donc le coût général encore plus élevé. Il faut y ajouter bien souvent l'achat d'un ou deux costumes sur mesure, la mise en place d'éclairages et d'une sonorisation.

Les grandes illusions demandent un budget encore plus conséquent pour le matériel, l'espace pour le stocker, les véhicules pour le transporter, les lieux de répétitions pour l'entraînement et la mise au point, un ou plusieurs assistants, une logistique scénique adaptée. Il est préférable de laisser ce domaine aux professionnels, compte tenu des investissements requis.

1. Comment devient-on illusionniste ?

Faut-il être adroit ?

Il est certain que l'illusionnisme étant essentiellement fondé sur le travail de la main, l'habileté y joue forcément un rôle important. Cependant, il n'est pas nécessaire de posséder une habileté hors du commun pour débuter. Toute personne possédant deux mains sans handicap particulier peut parvenir à d'excellents résultats. L'habileté des mains se développera au fur et à mesure des études.

Certains illusionnistes ayant fait de brillantes carrières ne disposaient pas de mains particulièrement extraordinaires : Max Malini, artiste du début du xxe siècle, était un fabuleux manipulateur alors que ses mains étaient relativement petites, et le célèbre *close-up man* américain Albert Goshman, qui avait commencé sa vie comme boulanger, avait des mains plutôt épaisses et des doigts courts, apparemment peu propices à une formidable agilité. Cette apparence trompeuse lui donnait d'ailleurs un avantage : en voyant ses mains, les spectateurs ne soupçonnaient pas qu'il était aussi habile et ne pouvaient donc avancer une quelconque explication de ses tours par la manipulation ! Le magicien américain d'origine égyptienne Meyr Yedid ne possède que quatre doigts à la main droite, ce qui ne l'empêche pas d'être un habile manipulateur et d'avoir tiré profit de ce handicap pour mettre au point un numéro dans lequel il fait disparaître ses doigts les uns après les autres. Plus surprenant encore, le magicien sud-américain René Lavand, qui a perdu un bras lors d'un accident durant son enfance, a surmonté ce handicap en inventant des tours et en devenant surtout un manipulateur de *close-up* exécutant des tours extraordinaires d'une seule main !

Peu importe les caractéristiques particulières de vos mains, gardez toujours à l'esprit que la fonction crée l'organe, que l'entraînement façonne toujours les mains et les doigts idéalement pour les gestes qu'ils doivent accomplir.

Les grands secrets du monde de l'illusionnisme

Comment les secrets sont-ils protégés ?

Concernant les accessoires et les tours classiques du répertoire qui permettent de démarrer ou de s'exercer pour devenir un bon amateur ou un semi-professionnel, la protection contre la divulgation intempestive des secrets se fait de deux manières.

Le vendeur compétent et sérieux ne vend pas de matériel, de livres, d'accessoires sans estimer au cours d'une conversation préalable le niveau de connaissances de l'acheteur. Autrement dit, un amateur qui se présenterait un lundi matin dans une boutique délivrant du matériel d'illusionnisme pour acheter le numéro de la femme sciée en deux, qu'il aurait vu le samedi soir à la télévision, entendrait le vendeur lui dire qu'il est en rupture de stock et qu'il ne pense pas en avoir avant plusieurs semaines. Ce dernier lui proposera alors de repasser le mois suivant. Cela pour décourager les impulsifs tout en sauvegardant la véritable valeur et le fondement de cette activité, le secret.

Si la personne se représente le mois suivant, le vendeur cherchera à connaître ses motivations, ce qu'elle désire au-delà de la femme sciée en deux. S'il constate qu'il est plus intéressé par l'illusionnisme dans son ensemble que par le fait de savoir comment couper une femme en deux, il le guidera vers l'achat d'un livre ou d'une vidéo pour démarrer et tester son envie de poursuivre plus loin son étude. Si c'est le cas, il l'orientera alors vers un professionnel capable de lui délivrer une véritable initiation progressive, graduée et sérieuse, pour en faire un artiste digne de cette activité.

> *Il existe naturellement quelques vendeurs n'ayant pas cette éthique. Ils sont connus du milieu et assimilés par l'ensemble de la profession comme des « marchands de soupe » peu éloignés de l'escroquerie, car vendre du matériel onéreux à des personnes non expérimentées qui ne pourront en tirer aucun profit ne fait pas honneur aux illusionnistes sérieux.*

1. Comment devient-on illusionniste ?

Concernant les numéros d'illusions inventés spécialement par des professionnels pour des professionnels et que l'on peut voir à la télévision ou dans des spectacles, la règle du secret est au cœur du métier, car plus encore en illusionnisme qu'en beaucoup d'autres disciplines, le secret du secret, c'est le secret.

La protection des procédés utilisés est cependant assurée à plusieurs stades de la mise au point, de sa commercialisation et de sa présentation. Pour le comprendre, il convient tout d'abord de distinguer plusieurs catégories de personnes contribuant à la création d'un numéro d'illusionnisme :

- les concepteurs ;
- les réalisateurs ;
- les exécutants.

Les concepteurs, l'équivalent en musique des compositeurs, trouvent des nouvelles idées de numéros d'illusions. Ils possèdent un savoir quasi encyclopédique sur tous les numéros d'illusions existants et recherchent des idées ou des principes nouveaux en utilisant la combinaison, l'analogie, le renversement ou la transposition, pour concevoir une nouvelle idée.

Les réalisateurs, l'équivalent des arrangeurs musicaux, fabriquent et mettent au point le matériel nécessaire pour l'exécution du numéro imaginé par le concepteur. Ce sont généralement des artisans extrêmement précis et minutieux, car la fabrication de certains accessoires demande souvent une précision au millimètre près.

Les exécutants, l'équivalent des interprètes, sont les artistes qui savent, par leur sens du spectacle et leur expérience de la scène, mettre en valeur les inventions des concepteurs et des réalisateurs.

Comme en musique, certains cumulent parfois les fonctions pour être des concepteurs-réalisateurs-exécutants, comme il existe des auteurs-

Les grands secrets du monde de l'illusionnisme

compositeurs-interprètes. Le cumul des trois fonctions est cependant, comme en musique, assez difficile, et rares sont ceux qui parviennent à exceller dans les trois compétences. Le degré de technicité requis est si complexe que les grands magiciens d'aujourd'hui sont essentiellement des artistes du spectacle, qui confient la conception et la réalisation des numéros à des techniciens spécialisés. Inversement, les concepteurs et les réalisateurs sont rarement de grands artistes.

> *La protection du secret se fait alors de la manière suivante. Le concepteur n'a aucun intérêt à divulguer son idée tant que celle-ci n'est pas réalisée ; il confie le travail de réalisation à plusieurs personnes qui ne fabriqueront chacun qu'une partie des éléments nécessaires, le concepteur se chargeant lui-même de les assembler pour éviter que ceux-ci comprennent le mécanisme en son entier. Les informations données aux différents réalisateurs sont parcellaires ou erronées pour qu'ils ne puissent pas comprendre ou deviner l'intérêt exact de ce qu'ils fabriquent. Le concepteur vend ensuite à un artiste le numéro mis au point pour une somme suffisamment élevée pour que celui-ci n'ait aucune envie de perdre son investissement en en révélant le fonctionnement.*

Si cette protection joue pour les numéros d'illusions requérant un matériel onéreux, il en est curieusement de même pour les procédés fondés sur l'habileté. La maîtrise des techniques manipulatoires requiert beaucoup de patience et d'abnégation, des heures, des mois, voire des années de patience pour les acquérir. Ceux qui ont fait autant de sacrifices pour obtenir ces connaissances évitent alors de galvauder leur savoir. Voilà pourquoi les véritables secrets sur cette activité sont encore relativement bien protégés.

Même si l'on peut aujourd'hui trouver sur Internet des sites d'informations sur l'illusionnisme et la prestidigitation, il n'en reste pas moins que l'accès aux données sérieuses réclame, par le biais de codes secrets, des

1. Comment devient-on illusionniste ?

connaissances approfondies. D'autre part, la quantité d'informations sans réel intérêt est telle que les informations utiles sont éparpillées dans un labyrinthe où il est difficile, pour un non-initié, de se retrouver. D'autant que, comme pour toutes les sciences ésotériques, l'illusionnisme utilise des termes techniques assez précis mais toujours obscurs pour celui qui les ignore. Que peuvent bien vouloir dire *triple lift*, *double hamman* ou *biddle move* pour celui qui n'en connaît pas la signification ?

Beaucoup, y compris parfois certains illusionnistes amateurs, croient que l'on pourrait protéger l'invention d'un numéro d'illusion par le biais d'un dépôt de brevet. Il y a là une « illusion » de protection due, le plus souvent, à la méconnaissance des mécanismes juridiques des brevets et d'une célèbre décision de jurisprudence remontant aux années 1920.

Tout d'abord un brevet ne protège pas de l'information : le dépôt d'un brevet met le procédé concerné à la connaissance du public. Un dépôt de brevet protège le déposant seulement contre l'exploitation du même procédé par d'autres personnes que lui, et pour une durée limitée. D'autre part, un dépôt de brevet est excessivement onéreux, d'autant plus lorsque l'on souhaite protéger l'invention au niveau mondial.

D'autre part, une célèbre affaire a donné lieu à une décision de jurisprudence utile à connaître pour en comprendre les limites. En 1923, le magicien américain Horace Goldin avait mis au point le fameux numéro de la femme sciée en deux par une scie circulaire. Le magicien avait acquis avec ce numéro une énorme réputation en Amérique. Voulant protéger son invention, il en déposa le brevet pour s'en assurer à la fois l'exploitation et le secret. En 1931, le publicitaire Reynolds, cherchant une idée pour doper les ventes de paquets de cigarettes Camel, fit imprimer au dos des paquets l'explication du trucage utilisé par le magicien tel que décrit dans son brevet. Le succès commercial pour Camel fut immédiat. Goldin assigna alors la société Reynolds en justice pour le préjudice colossal que cela lui causait. Le magicien perdit son procès au motif qu'un brevet d'invention tombe immédiatement dans le domaine public afin d'être opposable aux tiers. On ne peut en aucun cas reprocher à quiconque de le porter à la

Les grands secrets du monde de l'illusionnisme

connaissance du plus grand nombre. Le brevet interdit seulement d'exploiter le procédé si l'on n'en est pas l'inventeur. Depuis cette fameuse jurisprudence, aucun créateur d'illusions ne commet l'imprudence d'en déposer le brevet. Le secret absolu reste toujours la meilleure protection et il n'est jamais inutile de faire signer des contrats de respect de confidentialité, engageant financièrement toutes les personnes conduites à travailler dans cette activité.

La loi protège-t-elle les créations artistiques en illusionnisme ?

Si la notion de secret est si importante en illusionnisme, c'est que la loi, comme nous l'avons vu, est particulièrement inefficace en matière de protection juridique. Cela signifie que le législateur souhaite que toute personne qui sait, devine ou comprend comment fonctionne un tour de magie peut, si elle le souhaite, le présenter devant un public, et ceci sans porter atteinte à son inventeur.

> *Le seul élément qui soit protégeable en la matière est la mise en scène du numéro. Et à condition qu'il y ait un dépôt authentique d'une vidéo ou d'un document pouvant prouver l'antériorité de la mise en scène. Cette jurisprudence remonte à la chorégraphie de la Messe pour le temps présent par Maurice Béjart, entièrement copiée par un autre chorégraphe. Ce dernier fut condamné au motif que la mise en scène déposée d'une œuvre artistique est protégée en tant qu'œuvre de l'esprit.*

En illusionnisme, l'originalité de la mise en scène, du texte, de la musique ou de l'éclairage est protégée s'ils ont été déposés. Mais cela ne concerne pas les mécanismes, les manipulations ou les procédés sur lesquels repose le tour. La raison logique en est que si l'on voulait protéger toutes

1. Comment devient-on illusionniste ?

les techniques existant en matière d'illusionnisme, il faudrait ouvrir un bureau d'enregistrement auquel le premier venu, prétendant qu'il a tout inventé, pourrait s'attribuer la paternité de toutes les méthodes techniques et procédés, dont certains remontent à la nuit des temps, empêchant ainsi quiconque de les utiliser sans lui verser des droits. C'est pour éviter cette injustice et ce frein au développement de l'activité que les tours de magie en tant que tels ne font l'objet d'aucune protection légale.

Les tribunaux apprécient pourtant parfois de manière très variable la notion de plagiat. Le français Yves Barta fut ainsi condamné, non pour avoir fait réaliser par la société Mécalétric le matériel identique à celui qu'utilise David Copperfield pour son numéro de lévitation dans l'espace et qui a été mis au point par John Gaughan, mais pour avoir copié servilement la mise en scène, la musique et l'éclairage utilisés par l'Américain. À l'inverse, le Français Dani Larry ne fut pas condamné pour plagiat alors que la mise en scène de son numéro du « piano volant » présente une quasi-similitude avec celle créée par le Français Dominique Webb pour le spectacle du chanteur Christophe à l'Olympia de Paris en 1973...

Comment inventer un tour ?

Pour toutes les activités artistiques, le processus créatif varie d'un artiste à l'autre, la liberté d'imagination de chacun étant en ce domaine le principe absolu. Toutefois les choses sont légèrement différentes en illusionnisme où la réalisation de l'art est réellement indissociable de connaissances techniques. Il faut distinguer trois phases dans la conception d'un tour de magie : son effet, son mécanisme et enfin sa présentation.

Les grands secrets du monde de l'illusionnisme

L'effet

Ce que l'on appelle communément l'« effet d'un tour » est ce que le spectateur verra lorsque le tour lui sera présenté. Cela doit impliquer une impossibilité, une construction aboutissant à un résultat contraire à la logique, à ce qui est normalement en droit d'être obtenu, attendu ou espéré.

Si quelqu'un perd une carte n'importe où dans un jeu, il est logique de penser que personne ne pourra la retrouver. Retrouver cette carte constitue un « effet » car ce résultat est contraire à la logique. Cependant, la force d'impact de l'effet dépend du caractère inattendu, difficile à anticiper, pour le spectateur. Le travail de recherche consiste à découvrir les effets les plus inattendus, les plus difficiles à prévoir pour la majorité des spectateurs.

Il faut d'ailleurs à ce sujet distinguer l'« effet » et le « défi » :

- L'effet correspond à la notion d'« effet de surprise » : pour qu'un tour soit bon, le spectateur ne doit pas pouvoir anticiper le résultat. Plus l'effet de surprise est grand, plus le plaisir ressenti est important et plus le tour est bon.

- Le défi est une démonstration dont le résultat est prévisible. Il n'a pas d'effet de surprise, mais le spectateur ne sait pas si, compte tenu des conditions, l'exécutant parviendra à l'atteindre. L'étonnement survient lorsque le résultat est atteint. Cela devient un exploit. Il est d'autant plus grand que les conditions pour l'atteindre sont nombreuses et apparemment insurmontables. Harry Houdini, en fondant sa carrière sur les évasions impossibles, a développé à outrance la création de défis.

Traverser un mur est un effet si la traversée se produit à un moment inattendu ; c'est un défi si l'on prévient le spectateur que l'on va tenter de le traverser ; c'est un exploit si l'on y parvient !

1. Comment devient-on illusionniste ?

Pour les défis comme pour les effets, l'impact augmente avec le nombre d'impossibilités que l'exploit semble soulever. La plupart des numéros d'illusions sont construits autour d'une seule impossibilité. Prenons un exemple. Une femme assise sur une chaise disparaît : il y a une impossibilité. Qu'est-elle devenue ? Si le spectateur ne peut le deviner, le tour est bon. Il est meilleur lorsqu'il conduit à une deuxième impossibilité. Par exemple, la femme réapparaît instantanément dans une boîte. Deux impossibilités :

- Comment a-t-elle disparu ?
- Comment est-elle arrivée dans la boîte ?

Il devient excellent lorsqu'il est construit autour de trois impossibilités. La femme disparaît puis réapparaît immédiatement dans une boîte suspendue à trois mètres au-dessus de la scène. Trois impossibilités :

- Comment a-t-elle disparu ?
- Comment est-elle arrivée dans la boîte ?
- Alors qu'il n'y a aucun contact avec la boîte ?

Les plus grands numéros d'illusions sont bâtis sur trois impossibilités. Ce sont aussi les plus rares.

Il vient naturellement à l'esprit l'idée d'ajouter une quatrième impossibilité. Or, et très curieusement, pour les spectateurs, une quatrième impossibilité n'ajoute rien. On pourrait imaginer que la femme réapparaisse dans la boîte suspendue mais emprisonnée dans un bloc de glace ! C'est effectivement une quatrième impossibilité, mais elle est inutile. En effet, la quatrième impossibilité se confond avec la troisième et n'ajoute rien à l'incompréhension du numéro. Il n'y a pas d'impact supplémentaire. Si la femme réapparaît ligotée, dans un bloc de glace ou en ayant changé de tenue, cela vient brouiller la limpidité du numéro dans le cerveau du spectateur, qui ne relève souvent même pas l'existence de cette quatrième impossibilité tant il est abasourdi par les trois premières. Cela vient parfois même diminuer l'impact général du numéro : le spectateur, ressentant cet excès d'impossibilités, conclut souvent à tort qu'il s'agit d'un sosie ou d'une jumelle.

Le fabuleux inventeur de tours qu'était le magicien américain Dai Vernon expliquait parfaitement cette idée dans sa théorie du « tour trop parfait ». Si la réalisation du tour ne laisse aucune chance d'explication rationnelle aux spectateurs, ceux-ci en minimisent terriblement l'impact en supposant une explication grossière peu valorisante pour l'artiste.

Le mécanisme

Après la conception de l'effet à réaliser, il faut concevoir sa mise en œuvre, son procédé. C'est l'aspect purement technique du travail. Il faut trouver les moyens les plus appropriés.

Durant des siècles, l'illusionnisme fut basé sur des procédés technologiques ou des manipulations dissimulés par une mise en scène adaptée. C'était le cas des ouvertures de portes de temples, des vases à plusieurs compartiments permettant de verser des liquides différents. C'est l'origine de la notion de truquage. Dans la majorité des effets, l'illusion était créée par l'utilisation d'objets apparemment normaux mais recelant des mécanismes cachés tels que doubles fonds, miroirs, compartiments secrets etc. Certains alchimistes se servaient de cuillers à manche creux qui recelaient de la poudre d'or qu'ils laissaient couler selon leur gré à la surface d'une mixture afin de simuler la transmutation de plomb en or. Pour le célèbre tour des gobelets, le secret reposait à la fois sur la forme et la taille des gobelets qui permettaient de dissimuler plusieurs muscades, et sur des manipulations permettant de feindre le dépôt d'une muscade sous un gobelet ou de s'en emparer invisiblement. La mécanique, la chimie et la physique furent les premières armes secrètes utilisées par les magiciens et les sorciers. Durant longtemps, l'illusionnisme fut présent dans de nombreux aspects de la vie courante. Au Moyen Âge, la feinte et

1. Comment devient-on illusionniste ?

l'utilisation de compères permettaient aux ancêtres de nos dentistes de laisser croire à des opérations miraculeuses. Il en est resté l'expression passée dans le langage courant : « Mentir comme un arracheur de dents. » Il y a là une « racine » commune entre les dentistes et les illusionnistes ! Et les temps n'ont guère changé, si l'on se souvient qu'il y a quelques années, des guérisseurs philippins parvenaient à faire croire au monde entier qu'ils pratiquaient des opérations « à mains nues » sur des patients ! Ce n'était encore que de l'illusion.

L'illusionnisme évolua ensuite au gré des inventions du génie humain. L'horlogerie et les automates permirent de mettre au point des systèmes perfectionnés, et certains automates de l'horloger Vaucanson étaient réellement mystérieux, comme son célèbre canard qui, bien qu'artificiel, semblait pouvoir se nourrir, digérer et produire de réelles déjections. C'est l'apport de techniques nouvelles et plus particulièrement le développement des sciences, notamment avec l'électricité et les champs magnétiques puis aujourd'hui l'électronique, qui, à différentes époques, a permis une diversification des numéros. Ainsi, au XIXe siècle, l'illusionniste français Robert-Houdin inventa des numéros d'illusionnisme fantastique en s'appuyant sur ses connaissances de ces nouvelles technologies.

> *Tous les domaines du savoir humain et particulièrement les connaissances des sciences et des technologies peuvent contribuer à l'élaboration du mécanisme d'un numéro d'illusionnisme. Si au départ, les mécanismes simples comme les trappes, les doubles fonds, les rideaux, servaient à réaliser les effets, aujourd'hui, pour trouver de nouvelles idées, les inventeurs ont recours à des connaissances pointues en physique, chimie, perspective, manipulation, psychologie, informatique, électronique, magnétisme, micromécanique, mathématiques, lumière, son, ainsi qu'en techniques théâtrales telles que le mime ou l'expression corporelle...*

Les grands secrets du monde de l'illusionnisme

La découverte d'un phénomène nouveau et curieux permet parfois de réaliser un effet auquel personne n'avait encore pensé. Ce fut le cas notamment avec l'électricité statique, grâce à laquelle nombre d'effets de suspension ou de lévitation furent rendus possibles sans qu'elle ne soit jamais soupçonnée d'intervenir.

Pourquoi étudier l'illusionnisme ?

Les bénéfices potentiels de la pratique de l'illusionnisme sont nombreux. Dans sa préface de l'ouvrage de Rémy Ceillier, *Manuel d'illusionnisme et de prestidigitation* (vol. 1), paru en 1956 aux éditions Payot, Auguste Lumière, l'un des deux frères inventeurs du cinéma, et illusionniste lui-même, déclarait que l'étude de l'illusionnisme donne une tournure d'esprit particulière qui développe l'esprit critique, l'analyse, le sens artistique et la créativité, l'éloquence et l'expression verbale. Sur le plan manuel, elle favorise l'habileté par le développement du sens du toucher, l'indépendance des mains et la sûreté du geste, ce qui peut-être un bienfait pour beaucoup de personnes insuffisamment adroites.

Le fait de devoir parler et agir en même temps développe la concentration. Se présenter devant un public oblige à surmonter sa timidité, avoir confiance en soi, apprendre à s'exprimer en public et savoir placer sa voix.

Les répétitions nécessaires à la maîtrise apprennent la patience. Il faut du temps pour parvenir à un résultat convaincant.

Nous l'avons dit précédemment, la pratique de l'illusionnisme fait aussi appel à la mémoire, mais l'un des intérêts que l'étude sérieuse de cette activité peut avoir est précisément d'aider à développer la mémoire chez des personnes qui s'en croient dépourvues. L'entraînement prouve souvent que, chez beaucoup de personne, la mémoire fonctionne mais qu'elle n'est pas assez sollicitée, n'ayant pas une motivation suffisante pour le faire. L'illusionnisme en fournit une magnifique.

1. Comment devient-on illusionniste ?

> *La connaissance de l'illusionnisme permet surtout de mieux discerner ce qui est réel et ce qui est artificiel. L'illusion intervient souvent dans les différentes branches du savoir humain, et la connaissance approfondie de ses mécanismes et de ses modes d'infiltration dans l'esprit ne peut qu'aider au développement du jugement.*

Même sans en faire sa profession, connaître des tours de magie n'a jamais nui à celui qui, au cours d'un dîner ou d'une réunion familiale, peut amuser les petits et les grands grâce à quelques phénomènes surprenants. C'est également un excellent sujet de conversation pour engager une relation et, à l'occasion, un bon moyen de séduction... On se souvient de celui qui fait rire en racontant des blagues : plus encore, on oublie rarement celui qui vous a amusé en vous étonnant.

Quelles sont les différences entre un illusionniste, un magicien et un prestidigitateur ?

Dans le langage actuel, la distinction n'existe plus. Plus précisément, le mot « magicien » est le terme générique qui englobe tous ceux qui accomplissent des choses admirables ou qui savent comment les accomplir. Le terme « magicien » recouvre aujourd'hui autant les druides gaulois, les sorciers vaudous que les artistes de Las Vegas.

Un magicien est, par principe, quelqu'un qui réalise des phénomènes avec des procédés ignorés du commun des mortels. Il y a aujourd'hui des « magiciens » dans tous les domaines, que ce soit le sport, la culture ou les médias. Dès qu'un individu, dans un domaine particulier, accomplit une action exceptionnelle grâce à son talent, on le surnomme « le magicien » du domaine considéré. Mais nous pouvons tout de même procéder à quelques distinctions.

Les grands secrets du monde de l'illusionnisme

Les artistes du spectacle sont plus précisément des illusionnistes, puisque leur talent est de faire croire qu'ils peuvent réaliser l'impossible. Et ils ont pour cela tous les moyens à leur disposition — éclairages, sonorisations, rideaux, fumées — pour parvenir à faire illusion.

Les prestidigitateurs comptent davantage sur leur habileté que sur des trucages pour parvenir à étonner.

On distingue encore d'autres catégories plus spécialisées :

- Les *manipulateurs* effectuent des jongleries stupéfiantes avec des cartes, des balles, des pièces de monnaie, des dés à coudre... Le Français Jean Valton, le Japonais Shimada ou l'Écossais Cardini furent de très grands manipulateurs.

- Les *cartomanes* s'intéressent essentiellement aux tours et aux techniques de manipulations des cartes. L'Américain Paul LePaul fut, pour la plupart des experts, le plus grand cartomane du monde.

- Les *piéçomanes* sont spécialisés dans les tours de pièces de monnaies. L'Américain David Roth est aujourd'hui le plus grand spécialiste des tours de pièces.

- Les *close-up men* sont ceux qui ont choisi de s'exprimer par le style du *close-up*, c'est-à-dire dans le cadre d'un spectacle parlé, assis à une table, avec un petit groupe de spectateurs assis en arc de cercle devant eux. Dai Vernon, Tony Slydini, Ricky Jay ou l'Espagnol Athuro di Ascanio furent les inventeurs et sans doute les meilleurs *close-up men* du monde.

- Les *table-hoppers*, de l'anglais *table hopping* qui signifie aller de table en table, travaillent en se déplaçant à chaque table au cours d'un dîner. Ils ne connaissent généralement que trois ou quatre tours qu'ils reproduisent à l'identique à chaque nouvelle table. Beaucoup de grands professionnels du *close-up* ont commencé leur carrière par le *table hopping*.

1. Comment devient-on illusionniste ?

▶ Les *mentalistes* présentent des numéros de divinations de pensées. Le modèle fut la « Double vue » de Robert-Houdin, amplifié et magnifié par le couple français Myr et Myroska dans les années 1950. L'Américain Max Maven et le Canadien Gary Kurtz en sont aujourd'hui les meilleurs représentants.

▶ Les *magiciens comiques* prennent le contre-pied du sérieux apparent de l'illusionniste pour le tourner en dérision. Mac Ronay, Garcimore, Gaetan Bloom, Otto Wessely, Johnny Lonn ou encore Ali Bongo sont les grands maîtres de cette spécialité.

▶ Viennent ensuite les *pickpockets*, dont la spécialité est de savoir dérober montres, portefeuilles, lunettes ou bretelles sans que le propriétaire s'en aperçoive, techniques réellement utilisées dans la rue par les voleurs à la tire. Les premiers numéros de music-hall apparaissent dans les années 1930. Borra, Dody Willthon, Joe Waldys, Pierre-Jacques, Dominique ou Gérard Majax furent ou sont encore les maîtres de cette spécialité particulière, cousine de l'illusionnisme puisque reposant comme elle sur une extrême habileté des mains.

Où se procurer le matériel ?

Il existe dans beaucoup de villes importantes, des points de vente spécialisés dans la diffusion de livres et de matériel pour illusionnistes débutants, amateurs ou professionnels. On trouvera à la fin de cet ouvrage une liste non exhaustive de quelques points de vente. On pourra également consulter les moteurs de recherche les plus connus sur Internet en entrant les mots « illusionnisme », « prestidigitation » ou « magie », qui conduiront à des sites de dialogues et de contacts dans cet univers.

Pour débuter, quelques jeux de cartes neufs de marque américaine et un ou deux bons livres d'initiation comme ceux de Harry Lorrayne ou de Georges Proust sont suffisants pour ne pas se laisser noyer dans une foule d'informations et de connaissances inutiles.

Les grands secrets du monde de l'illusionnisme

Le fait d'assister aux spectacles de grands artistes comme Gary Kurtz ou David Copperfield, ou de regarder les émissions de variétés présentant de bons artistes, ne peut qu'apporter une émulation pour donner l'envie de progresser.

Faut-il prêter serment ?

Le serment du secret fut appliqué dans la plupart des associations, ordres ou confréries au début du XXe siècle. Toute promesse de tenir secrètes les informations révélées n'est qu'anecdotique aujourd'hui compte tenu du grand nombre d'amateurs et de l'ouverture de l'information sur Internet. L'ouvrage même que vous tenez en main contribue à cette ouverture.

L'objectif de l'auteur est de donner envie à des artistes en herbe de s'initier à ce domaine, et à ceux qui s'y intéressent par pure curiosité d'avoir une culture précise des fondements de cette activité. Pour ce faire, il faut commencer par un peu d'histoire...

Chapitre 2
L'évolution de l'art de l'illusion à travers les âges

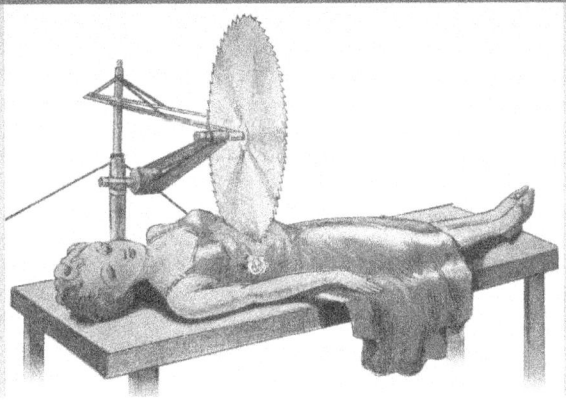

Illusionnisme et croyances

Dans l'Antiquité, la civilisation égyptienne était celle qui avait atteint le degré de culture le plus élevé et c'est naturellement de cette région du monde que les premiers documents concernant l'exécution de prodiges nous sont parvenus. Le mot « abracadabra », cher aux illusionnistes et signifiant à peu près « Que ce qui est dit soit fait », vient probablement du mot « Abraxas », dieu d'une secte gnostique de l'ancienne Égypte, et du verbe hébreux « dadar ». Ce mot était réputé avoir des pouvoirs de guérison et constituer un passeport pour communiquer avec Satan.

Plusieurs historiens estiment que le plus ancien témoignage relatif à un numéro d'illusion pourrait être une fresque dessinée sur une tombe égyptienne du village de Beni-Hassan, près du Caire, et datant de 2000 avant J.-C. Elle représente deux personnages manipulant des gobelets ou des bols. Si cette illustration n'est que la représentation d'un jeu et non d'un tour d'illusionnisme, car les balles, billes ou cailloux classiquement utilisés n'y sont pas représentés, la plus ancienne description écrite du fameux numéro des gobelets remonte aux écrits du philosophe grec Sénèque. Celui-ci se délectait de la dextérité des *acetabulari*, les joueurs de gobelets, à escamoter des muscades et des fruits, dans une phrase signifiant : « Le truc dans lequel les balles ont disparu sous le couvert de tasses. » Le tour des gobelets et des muscades étant réputé pour être l'un des plus anciens, certains historiens ont déduit que cette formulation pourrait être la plus ancienne relation de ce tour. Plaute et Plutarque décriront également les miracles des faiseurs d'illusions.

La première description de ce qui pourrait être un spectacle d'illusionnisme apparaît sur un papyrus daté de 2778 avant J.-C., découvert en

Les grands secrets du monde de l'illusionnisme

Égypte par Miss Westcar en 1838 et conservé au Muséum de Berlin. Y sont décrits les exploits des magiciens Djedi et Tchatchaem-Ankh à la cour du pharaon Khéops aux alentours de 2600 avant J.-C., magiciens qui, entre autres, selon le texte, décapitèrent une oie, un canard et un bœuf et les ramenèrent à la vie sans séquelles apparentes, puis ouvrirent les eaux d'un lac en deux pour y retrouver un bijou égaré. Il est amusant de constater que, près de 4000 ans plus tard, le célèbre magicien américain David Copperfield présente toujours la décapitation d'une oie et d'un canard au cours de ses spectacles.

Dès cette époque, la plupart des phénomènes surprenants sont produits par des trucages, souvent fondés sur des lois physiques ou hydrauliques. Ce document confirme également un fait curieux et qui se vérifie tout au long de l'histoire, l'illusionnisme fut et reste encore le divertissement préféré des rois et des puissants. Et encore aujourd'hui, les chefs d'État des grandes puissances aiment convier les meilleurs artistes à des soirées de prestige.

> *L'objet truqué le plus ancien qui nous soit parvenu est le Zauber Vase, conservé au musée Allard-Pierson d'Amsterdam. Il s'agit d'un vase datant de 350 avant J.-C. qui permet de verser à volonté et alternativement deux liquides différents. Le secret repose sur deux compartiments contenants deux liquides différents et un orifice dissimulé dans le col du vase, que l'on obstrue avec un doigt pour libérer l'un ou l'autre des breuvages contenus.*

La quasi-totalité des textes religieux relate des miracles pour attester de la puissance de la force divine. Ainsi, la Bible rapporte dans le livre de l'Exode (VII, 10-12) la lutte qui opposa Jannès et Jambrès, les magiciens du Pharaon, à Aaron : Aaron jette son bâton sur le sol, il se transforme en serpent. Le Pharaon ordonne et les magiciens en font autant, leurs bâtons se transforment en serpents.

2. L'évolution de l'art de l'illusion à travers les âges

Le procédé utilisé reposait sur le fait peu connu à l'époque que, lorsqu'on exerce une pression derrière la tête des cobras égyptiens, ou *naja haje*, ils se raidissent instantanément au point de paraître rigides comme du bois. En les lâchant, on libère la pression, ce qui les fait revenir à leur état normal. L'échange d'un bâton similaire en forme et en taille contre un serpent tenu de cette manière permettait de laisser croire à la transformation.

Le mystère de la statue du dieu Baal, à Babylone, était un exemple d'utilisation d'un subterfuge trompeur à des fins religieuses. Comme il est décrit dans le récit biblique de Daniel, les fidèles de ce dieu déposaient chaque soir au pied de la statue une grande quantité de victuailles. Les portes du temple étaient alors fermées. Au matin, on pouvait constater que l'idole avait tout dévoré. La manifestation de ce prodige permettait aux soixante-dix prêtres de Baal de conserver du pouvoir sur Cyrus, roi de Perse. Toutefois, ainsi que Daniel le relate, il remarqua, en répandant des cendres fines sur le sol, des traces de pas qui allaient de l'idole à un mur. En réalité, les prêtres se servaient d'un passage secret caché dans un mur près de l'idole et venaient la nuit s'emparer des vivres pour nourrir leurs familles. Cyrus chassa les prêtres du temple et confia à Daniel, en remerciement, sa démolition.

En Grèce, Héron d'Alexandrie, mathématicien du Ier siècle avant J.-C., a décrit dans ses textes intitulés *Pneumatiques* de nombreux dispositifs fondés sur des procédés hydrauliques peu connus à son époque et qui permettaient de laisser croire à des interventions divines. L'ouverture automatique des portes du temple de la Sibylle de Crimes fonctionnait grâce à de l'air chauffé par les flammes de lampes à huiles, qui, en se dilatant, poussait un liquide par un tube jusque dans un récipient. Celui-ci, fixé à une poulie, enroulait alors par l'augmentation de son poids les cordes fixées aux axes des portes. Pour les observateurs de l'époque, ignorants de ces principes, c'était de la pure magie !

Les mécanismes des statues d'idoles qui laissaient couler du vin ou échapper des larmes fonctionnaient sur le même procédé d'air chauffé qui

Les grands secrets du monde de l'illusionnisme

expulse un liquide (vin, larmes ou sang) d'un réservoir dissimulé dans la statue. De même, des cordes reliées par des poulies aux portes d'un temple faisaient descendre une trompette dans une bassine d'eau, chassant ainsi l'air qui passait à travers ; cela produisait alors un son propre à effrayer le visiteur inopportun. Les « fontaines intarissables » fonctionnaient sur le principe des vases communicants et permettaient de donner l'illusion qu'un bassin posé sur un piédestal était toujours rempli à ras bord, quelle que soit la quantité d'eau que l'on y puisait. En Grèce encore, le talent de ventriloques capables de parler sans bouger les lèvres, dont le premier fut l'Athénien Eryklès, fut mis au service des oracles pour faire parler les dieux. La tête parlante de Lesbos, la pierre parlante de la rivière Pactole, l'oracle de Delphes et les mystères de la Pythie, prêtresse prophétisante qui dialoguait avec Apollon, peuvent s'expliquer par la ventriloquie.

Dans les tribus africaines, les sorciers ont toujours assis leur pouvoir sur des démonstrations qui ne sont souvent rien d'autre que de parfaits numéros d'illusionnisme. Ainsi en Afrique du Nord, les sorciers *Aïssaouas* semblaient pouvoir avaler des scorpions vivants, être insensibles aux brûlures et se transpercer les joues, la langue ou le cou avec des aiguilles. Il n'y a là que des procédés très simples, connus de tous les illusionnistes. Le scorpion vivant présenté était inoffensif, son dard ayant été enlevé. Au cours d'une danse avec le scorpion, le sorcier procédait à un échange contre une représentation grossière de scorpion réalisée en feuilles de réglisse qu'il pouvait avaler sans danger. L'insensibilité aux brûlures s'obtient en s'enduisant d'une solution d'alun les parties de l'épiderme où l'on promènera la flamme. Quant aux aiguilles, elles transpercent effectivement l'épiderme, mais dans des zones où les terminaisons nerveuses sont peu nombreuses telles l'avant-bras, la peau du cou ou la joue. L'effet est saisissant mais sans danger ni douleur. Les « fakirs » modernes, tels Yvon Yva, ont souvent fait la démonstration de cette insensibilité, se transperçant le corps de nombreuses aiguilles ou épées. Pour la langue, le principe est d'avoir une fausse langue que l'on coince entre les dents que l'on peut alors transpercer à volonté sans aucune souffrance.

2. L'évolution de l'art de l'illusion à travers les âges

En Inde, les fakirs réalisaient des expériences spectaculaires, enterrés vivants ou disparaissant en haut d'une corde se tenant seule à la verticale. Cela laissait penser à l'intervention de puissances divines. Mais, là encore, ce n'était bien souvent que trucages et illusions. L'endroit où ils étaient enterrés comportait un tunnel par lequel ils s'échappaient sans risque et revenaient quelques jours plus tard. Et la fameuse « corde hindoue » était accrochée à un filin tendu entre un arbre et une maison alors qu'un feu dégageant une intense fumée permettait au fakir de rejoindre la maison voisine sans être vu.

> *Les charmeurs de serpents semblant fasciner les cobras au son de leurs flûtes font aussi de l'illusion, car le serpent, bien que disposant d'organes auditifs, n'est absolument pas sensible au son de la musique. Il se balance naturellement en observant les mouvements que le joueur imprime à son instrument avant de passer éventuellement à l'attaque.*

Les premières idées de lévitation furent utilisées dans certains monastères tibétains. Dès 1820, un vieux brahmane indien semblait pouvoir pratiquer la lévitation par la méditation, restant assis en position de yogi à plus d'un mètre du sol la main appuyée sur une canne reposant sur un tabouret. Il mourut en 1830 mais son secret fut repris par le fakir Sheshal qui le développa, le pratiquant dans les rues de Madras. C'est là qu'un journaliste français du *Magasin pittoresque* en fera la première description en 1832. Nous verrons qu'il est probable que le magicien français Robert-Houdin s'inspira de cette idée pour créer sa célèbre « suspension éthéréenne » en 1847.

En Extrême-Orient enfin, en Chine et au Japon, les mystères ont toujours contribué à l'exotisme et au charme de ces pays. Beaucoup de prodiges réalisés par des magiciens de ces contrées n'étaient en réalité que des numéros d'illusion. Telle la fameuse échelle de sabres. La marche sur des sabres était une épreuve de l'art martial shintô connue sous le nom de

Les grands secrets du monde de l'illusionnisme

tsurigi watari. Il s'agit d'une échelle double dont chaque barreau est un sabre à la lame finement affûtée et orientée vers le haut. L'exécutant doit monter et descendre pieds nus l'échelle de sabres. En réalité, les lames sont affûtées en biseau et ne peuvent être coupantes que si l'on pose le pied dans le sens contraire de la marche. En posant le pied naturellement de biais vers le bas, la plante du pied ne repose que sur la partie non tranchante du sabre, ce qui évite toute possibilité de blessure.

Les anneaux dits « chinois », qui semblent pouvoir s'attacher et se libérer les uns des autres, la « neige japonaise », papier trempé dans l'eau qui sèche instantanément pour se transformer en confettis, ou les « papillons japonais », papillons de papier qui paraissent s'animer au mouvement d'un éventail, sont des numéros d'illusion très anciens. Certaines illustrations chinoises de ces numéros remontent à 2500-2700 ans avant J.-C. Ils demeurent encore pratiqués de nos jours par des illusionnistes professionnels.

Le Moyen Âge : illusionnisme et sorcellerie

La longue période historique que constitue le Moyen Âge et qui va de la chute de l'empire romain à la découverte de l'Amérique par Christophe Colomb, va connaître le développement d'un grand nombre de croyances, allant de la magie noire à l'occultisme, la sorcellerie et l'alchimie. Que ce soit en Orient où *Les contes des mille et une nuits* sont remplis de génies, de magiciens et de tapis volants, ou en Occident, où les légendes des *Chevaliers de la Table Ronde* narrent les exploits de Merlin l'Enchanteur et de la fée Morgane.

> *Durant cette période, tous les magiciens (le mot « mage », d'origine orientale, signifie « celui qui sait » ; il a la même racine que le mot « magistrat », celui qui sait la loi) qui exécutent des prodiges sont très rapidement suspectés, par les pouvoirs religieux en place, de relations avec le démon. D'autant*

2. L'évolution de l'art de l'illusion à travers les âges

> que, pour la protection du secret, la transmission de ces connaissances ne se fait que par voie orale. Pour les dignitaires religieux, qui redoutent la supériorité du pouvoir sorcier sur le religieux car il possède une force de conviction plus immédiatement constatable que la foi, tout ce qui paraît surnaturel provient obligatoirement de forces occultes ou d'un commerce avec le Malin. En 1066, l'Église déclare que le divertissement est interdit. En 1210, l'évêque Honorins d'Autun décrète que les magiciens sont condamnés à l'Enfer. Et il faut bien reconnaître que les exploits réalisés par certains d'entre eux sont si forts qu'ils perturbent considérablement l'esprit des religieux, pourtant censés être alors les seuls détenteurs du savoir.

À une époque où la pratique de la torture et de la barbarie est banale, leurs exploits concernent principalement les mutilations, les perforations et les décapitations, qu'ils exercent sur eux-mêmes pour démontrer leur insensibilité à la douleur. Les principaux numéros, effectués sur des places publiques, consistent à s'enfoncer des poinçons ou des couteaux dans différentes parties du corps (tête, yeux, front, langue) et ne pas en souffrir apparemment, même si le sang gicle des plaies pour donner plus de réalisme à l'illusion. Les procédés utilisés sont évidemment très simples, mais portent parfaitement sur les spectateurs de l'époque, dont les esprits sont encore proches des croyances primitives. Les principes reposent essentiellement sur des couteaux, des poinçons, des dagues ou des alênes truqués, dont les lames rentrent dans le manche, ou formés de décrochements dissimulés par la main ou le doigt, permettant ainsi de donner l'illusion du passage à travers la chair. Les écoulements de sang sont produits par des petites éponges imbibées de vin rouge, dissimulées dans la main et que l'on presse sur la prétendue blessure. L'écœurement procuré à cet instant permet alors d'échanger discrètement l'arme truquée contre une réplique ordinaire donnée au public pour examen.

On compte également un grand nombre de « coupeurs de têtes », la justice condamnant souvent à l'époque à la peine de décollation. Les

Les grands secrets du monde de l'illusionnisme

numéros de décapitations sont parmi les plus anciens puisque, comme nous l'avons dit, les magiciens égyptiens la pratiquaient déjà sur les animaux. Le sorcier allongeait un jeune garçon sur une table, lui recouvrait la tête d'un voile et semblait lui trancher le cou d'un coup de hache. S'emparant de la tête dans le voile, il la posait sur une table un peu plus loin, sur un plat. Soulevant le voile, les spectateurs pouvaient voir la tête vivante sur le plat. Le sorcier remettait le voile sur la tête, prenait la tête qu'il remettait sur le corps du jeune garçon, qui se relevait finalement intact et en pleine santé. Le procédé reposait sur deux tables munies de trous : une table où le jeune garçon dissimulait sa tête et une autre où un jumeau dissimulait son corps. Le premier rentrait sa tête dans la table sous le couvert du voile et la tête était remplacée par un chou-fleur. Lorsque le sorcier s'emparait de la tête, il prenait en réalité le chou-fleur et portait l'ensemble jusqu'au trou de la table ou se trouvait le plat, percé d'un trou également. Le jumeau passait alors sa tête à travers la table et le plat, sous le voile, et lorsque le sorcier soulevait celui-ci en emportant le chou-fleur, le public découvrait la tête vivante. On procédait de manière inverse pour donner l'illusion de remettre la tête sur le corps.

Jusqu'au XVIIIe siècle, l'Inquisition, diligentée par l'Église, intenta plus de 100 000 procès. Plus de 50 000 prétendus sorciers ou sorcières, qui n'étaient pour la plupart que de bons illusionnistes, périrent sur le bûcher au nom de la *Lex Cornelia*, qui punissait de mort tous ceux soupçonnés de solliciter les puissances maléfiques. Le bûcher paraissant préférable à la décollation ou la pendaison, dont ils montraient qu'elles n'avaient aucun effet sur eux. Ce fut la « chasse aux sorcières », ainsi appelée car c'était le plus souvent les femmes qui savaient utiliser les plantes et fabriquer des potions.

À partir de l'an 700, se développe en Europe une croyance en l'alchimie, science de la transmutation des métaux ordinaires en or ou en argent. L'origine de cette idée remonte aussi à l'ancienne Égypte. Elle connaît un engouement réel à partir du XIVe siècle avec Nicolas Flamel et la recherche de la pierre philosophale, substance merveilleuse qui devait permettre de

2. L'évolution de l'art de l'illusion à travers les âges

fabriquer de l'or et donner la vie éternelle. Les expériences tentées par les alchimistes dans des laboratoires aux alambics compliqués sont la base de la chimie moderne. Certains parvinrent par hasard à des découvertes intéressantes, mais leur but était surtout d'escroquer les nobles en leur promettant de fabriquer de l'or.

> Nostradamus lui-même, médecin et prophète, avait recours à des procédés ingénieux pour convaincre les puissants de ses dons. Ayant publié en 1555 ses célèbres prophéties, les Centuries, il fut demandé à la cour d'Henri II et de Catherine de Médicis. Celle-ci lui demanda de lui montrer l'avenir de ses trois fils et de sa fille. Nostradamus conçut alors un dispositif de renvoi d'images entre deux miroirs qui, à la manière d'un périscope, permettait de montrer les reflets de figurants représentant les héritiers habillés en futurs rois de France et sa fille mariée à un barbu qui préfigurait Henri IV. L'astucieux système de renvoi d'images était, pour l'époque, incompréhensible et fit très grosse impression sur la reine, qui chercha d'autant moins à comprendre qu'elle était ravie du destin annoncé. Le plus curieux reste que la prophétie annoncée pour flatter la reine se réalisa...

L'alchimiste le plus célèbre fut certainement Joseph Balsamo, qui se donnait lui-même le titre de compte de Cagliostro. En 1780, il prétendait avoir vécu mille ans et posséder la pierre philosophale. Il plaçait un creuset contenant du plomb et sa substance magique dans un four, attendait quelques instants, et ressortait un creuset plein de paillettes d'or. Ses procédés étaient sommaires — échange de creusets dans le four par un compère dissimulé, utilisation de creusets à double fond ou de cuillères de bois à manche creux contenant des pépites qu'il faisait tomber en mélangeant le plomb fondu —, mais cela produisait beaucoup d'effet sur des esprits ignorants encore les limites de la science.

C'est probablement pour éviter le bûcher à certains d'entre eux que, dès 1260, le moine franciscain Roger Bacon, qui se faisait appeler le

Les grands secrets du monde de l'illusionnisme

« professeur Mirabilis », fut le premier à décrire les procédés utilisés dans certains « tours de magie » dans un manuscrit intitulé *Découverte sur les miracles de l'art, de la nature et de la magie*. Il veut montrer qu'il s'agit de procédés rationnels, divertissants, et fondés sur la simulation, l'obscurité et l'usage des artifices et de complices. Heinrich Cornelis rédigea en 1520 *De Occulta Philosophia* pour montrer que la physique est sans aucun rapport avec le diable. Mais sa portée culturelle fut malgré tout limitée. En 1486, un bateleur est quand même condamné à la noyade. Jean Wier tente, en 1530, dans l'ouvrage *De praestigius Deamonum*, d'établir une nette distinction entre sorcellerie et tours d'escamotage. Pourtant, en 1570 à Cologne, une jeune fille est condamnée à mort pour avoir « coupé et réparé un mouchoir grâce au démon » et, en 1571, un faiseur de tours de cartes est condamné sans procès pour commerce avec Satan. En 1579, Jean Bodin, avocat au Parlement de Paris, écrira encore dans *Démonomanie des Sorciers* que « le diable cherche à faire rire les gens pour que, trompés par leur gaieté, ils se laissent aller à l'impiété ».

Du début du XVIe siècle date d'ailleurs le célèbre tableau de Jérôme Bosch, *L'escamoteur*, conservé au musée de Saint-Germain-en-Laye, montrant un joueur de gobelets attirant l'attention pendant qu'un complice dérobe les bourses de ses spectateurs.

Pour que la considération à l'égard de cette activité commence à changer, il faudra attendre 1584 et la publication de deux ouvrages essentiels. En Angleterre tout d'abord, où Réginald Scot publie une étude systématique des procédés utilisés par les escamoteurs sous le titre *The Discovery of Witchcarft* (« La sorcellerie dévoilée »). Son but est de montrer à Jacques Ier, roi d'Écosse, l'injustice de condamner à mort comme sorciers, des personnes utilisant des systèmes ingénieux n'ayant rien à voir avec de quelconques diableries. Mais peu de gens savent lire à l'époque et les livres sont chers. Les seuls à en tirer profits sont les riches et les escrocs. L'effet est inverse : Jacques Ier ordonne de brûler tous les livres et les sorciers avec ! Les premières pages du livre étaient d'ailleurs consacrées aux explications des tours de décapitation. Les veilles recettes étant toujours les meilleu-

2. L'évolution de l'art de l'illusion à travers les âges

res, le magicien David Copperfield, encore lui, commencera durant de nombreuses années son spectacle par un effet très classique de décapitation. Qui a dit : « Rien de nouveau sous le soleil » ?

Le second ouvrage paraît en France la même année, à Lyon, sous la plume de Jean Prévost avec pour titre *Première partie des subtiles et plaisantes inventions*, où sont dévoilées les techniques des bateleurs et escamoteurs, allant du jeu des gobelets aux tours de cartes en passant par les décapitations de volatiles. Prévost propose de remplacer le mot magie par « physique amusante », qui éloigne le propos de la sorcellerie.

Apparaissent alors en Angleterre une série d'ouvrages sur l'illusion : *The Art of Conjuring* en 1612, *The Art of Juggling or Legerdemain* de Samuel Rid en 1614 ou encore *The Anatomy of Lergerdemain : The art of Juggling* de Hocus Pocus en 1634, premier ouvrage à détailler avec précision la manière d'effectuer les tours.

Le XVIIIe siècle : illusionnisme et physique

Sous François Ier, Maître Gonin fait sensation en faisant apparaître un lapin dans le haut-de-forme d'un spectateur. Ce tour restera l'emblème mythique de toute la profession. Il faut comprendre qu'à cette époque, un lapin ne représentait pas un adorable compagnon de jeu pour les enfants, mais la nourriture d'une famille pendant au moins une semaine. Comme si aujourd'hui un illusionniste faisait apparaître des billets de 500 € dans les sacs à main ! Durant le siècle suivant, les escamoteurs sont tant appréciés que Boileau s'étonne de « voir la Comédie-Française déserte parce que les Parisiens courent au spectacle des farceurs du Pont-Neuf ».

Naissent alors les « physiciens », qui exercent dans la rue, vêtus de grandes robes étoilées et de chapeaux pointus. Ce sont des artistes ambulants qui sont également jongleurs, avaleurs de sabres ou cracheurs de feu. Certains commencent à exercer dans les salons à la mode et à connaître la

Les grands secrets du monde de l'illusionnisme

gloire. Ledru-Comus notamment, ancêtre de Ledru-Rollin, et que Louis XV dote du titre de « Professeur de Physique des Enfants de France et des Parisiens les plus blasés ! ».

Devant ce succès, de nouveaux traités voient le jour qui vont permettre à l'art de l'illusionnisme de prendre corps et de s'affranchir définitivement de ses racines sulfureuses. Le premier est celui de Jacques Ozanam en 1693, *Récréations mathématiques et physiques*, le second, celui de Edme-Gilles Guyot, *Nouvelles récréations mathématiques et physiques*, qui paraît en 1769, et enfin celui de Henri Decremps, *La magie blanche dévoilée*, en 1786. Ce denier dévoilait en réalité les numéros de l'Italien Joseph Pinetti de Willedal qui connaissait un immense succès tant dans les soirées privées qu'au théâtre des Menus-Plaisirs. Ses « expériences » reposaient en grande partie sur des mécanismes d'horlogerie et des accessoires à double fond.

Le premier grand illusionniste moderne est un Américain du nom de Jacob Philadelphia, né aux États-Unis en 1735, et qui fera de ce métier un art lucratif grâce à un sens inné de la publicité qui n'est pas sans évoquer celui du futur roi du cirque Phineas Taylor Barnum. Il fera carrière en Europe, apparaissant dans les cours de Prusse, de Russie et d'Autriche. Goethe, qui s'intéressait fort à l'illusionnisme, le connut et en fit l'éloge dans un distique. À la mort de Philadelphia, en 1795, allait commencer le XIXe siècle, sans doute le plus important pour le développement de l'illusionnisme.

Le XIXe siècle : âge d'or de l'illusionnisme

Sous l'Empire et la Restauration, on continua de se divertir de la physique dite « amusante », mais une autre appellation fut inventée en 1815 par l'artiste lyonnais Jules de Rovère : la « prestidigitation », du latin *prestus* et *digitus*, signifiant doigts agiles. Le terme laisse supposer que les procédés reposent sur une habileté de la main.

2. L'évolution de l'art de l'illusion à travers les âges

Or, durant la première moitié du XIXe siècle, l'essentiel des numéros d'illusions reposait davantage sur des accessoires truqués et des automates que sur la manipulation. Pour preuve, la célèbre légende de l'automate joueur d'échecs du baron austro-hongrois von Kempelen à la cour de Russie : ce dernier se targuait d'avoir réalisé un automate représentant un Turc assis devant un échiquier et dont il assurait que personne ne pouvait le battre. Il en présentait les rouages puis mettait l'automate en action, qui se révélait particulièrement fort contre de sérieux adversaires. Il battit même l'impératrice Catherine II que l'on disait très experte. Or les programmes informatiques n'existaient pas encore. En réalité, la conception des rouages de l'automate permettait de dissimuler un certain Worousky, révolutionnaire polonais, excellent joueur d'échec et amputé des deux jambes, handicap grâce auquel il pouvait se cacher facilement.

Les spectacles de « physique amusante », de nouvelles idées d'illusions — l'Italien Torrini présente en 1807 pour la première fois une femme sciée en deux — et l'amusement procuré par les premiers automates de Vaucanson ou de Jaquet-Droz continuaient d'enchanter petits et grands. Mais l'illusionnisme n'aurait jamais pu devenir un art théâtral majeur sans l'influence considérable du français Jean-Eugène Robert-Houdin. Cet homme de génie eut d'abord le bon goût de rompre avec les robes et les chapeaux pointus de ses prédécesseurs et de se présenter devant son public en habit de soirée, comme il était de coutume de s'habiller à cette époque. Il écarta de son langage et de son attitude toute vulgarité ou formule pontifiante, et reçut son public, dans son théâtre, comme un homme du monde qui reçoit chez lui.

La forme était nouvelle, le fond l'était aussi. Il conçut, mit au point et présenta à son public des numéros d'illusions si nouveaux et si incompréhensibles que les spectateurs affluèrent dans son théâtre de tous les pays d'Europe, et ceci pendant dix années. Robert-Houdin sera par la suite appelé en Algérie, à la requête de l'armée française, pour aider à la pacification de ce pays. En effet, il fallait lutter contre les marabouts qui contribuaient, par de prétendus miracles, à influencer et soulever les popula-

Les grands secrets du monde de l'illusionnisme

tions contre la colonisation du pays par l'armée française. Le recours à la magie de Robert-Houdin semblait s'imposer à un point tel que Baudelaire écrira (*Fusées*, VII) : « Il appartenait à une société incrédule d'envoyer Robert-Houdin chez les Arabes pour les détourner des miracles. » Les numéros d'illusions créés par celui-ci sont à ce point stupéfiants qu'il convainc les chefs musulmans de la supériorité du magicien blanc sur les marabouts. L'expérience du coffre léger que même l'homme le plus fort d'une tribu ne peut soulever, ou la séance de duel aux pistolets au cours de laquelle Robert-Houdin attrape la balle de son adversaire entre ses dents et, tirant sur un mur, fait apparaître du sang, resteront parmi ses plus célèbres exploits, ayant contribué à calmer les esprits.

Ayant cédé la direction de son théâtre des Soirées Fantastiques à son assistant Hamilton en 1852, il coula une retraite heureuse dans sa propriété de Blois où il continua de concevoir et réaliser des automates et des pendules mystérieuses à mécanismes invisibles. Il déposa parallèlement plusieurs brevets sur des appareils d'optiques dont les principes sont toujours utilisés de nos jours, s'intéressa au développement de l'électricité pour la vie quotidienne et surtout fut probablement le premier à mettre au point une ampoule électrique à filament végétal, qui lui permit d'éclairer le dîner de première communion de sa fille Églantine. En 1863 !

> *Au-delà de différentes inventions comme le compteur kilométrique, l'interrupteur électrique ou le plastron électrique pour les escrimeurs, Robert-Houdin reste pour l'éternité le créateur de l'illusionnisme moderne, dont l'influence n'est pas près de s'éteindre.*

Ayant donné l'impulsion, le style de Robert-Houdin va progressivement « inspirer » des artistes comme Raphaël Macaluso, Alfred de Caston ou Adrien Delille, puis être carrément plagié par des artistes comme Robin ou mademoiselle Benita Anguinet, l'une des très rares femmes illusionniste de cette époque. Le succès des spectacles d'illusions est tel que l'on ne

2. L'évolution de l'art de l'illusion à travers les âges

compte plus à Paris les théâtres qui en proposent. C'est un divertissement populaire à une époque où le cinéma et la télévision sont encore inexistants. Le phénomène se répand également en Angleterre, où Londres devient un haut lieu des spectacles d'illusions. Ce sera l'ouverture en 1873 par John-Neville Maskelyne, inventeur de la lévitation sans point d'appui, de l'Egyptian Hall à Londres, salle de spectacle spécialisée dans l'illusion où se produiront des magiciens comme Carl-Compars Herrmann ou David-Devant, dans des shows à grand spectacle nécessitant un matériel volumineux et de nombreux assistants. C'est également la création en Angleterre des premiers music-halls par Charles Morton, des débits de boissons où l'on doit payer pour assister au spectacle.

La fin du XIXe siècle est marquée par des personnages aussi étonnants et inventifs en matière d'illusion que l'Allemand Lafayette, qui avait un frère jumeau lui permettant de réaliser des transpositions de personnages ahurissantes, ou le Lyonnais Joseph Buatier, dit Buatier de Kolta, qui inventa des illusions extraordinaires et parfois plus incompréhensibles encore que celles de Robert-Houdin et dont certaines sont encore aujourd'hui inexpliquées.

Parallèlement, se développent les premières techniques modernes de manipulation de petits objets tels que cartes, boules, pièces de monnaies, qui permettent de présenter des numéros en devant de rideau tandis que, derrière, les assistants disposent le matériel de la prochaine grande illusion. Le père des manipulations de cartes, pour en avoir inventé les principales techniques, est l'Autrichien Johann Hofsinzer. Les Anglais Thomas Nelson Downs et Allan Shaw sont ceux des manipulations de pièces de monnaies, et Warren Kean celui des passes de boules de billard.

> *Dans tous les pays d'Europe, le phénomène engendre des créateurs : en Allemagne, Ben-Ali-Bey invente la « magie noire » ; en Pologne, le nom de Bellachini devient synonyme de magicien ; en Hollande, la dynastie des Bamberg présente les mystères de l'Orient ; en Suisse, sous le nom du*

Les grands secrets du monde de l'illusionnisme

> Professeur Magicus, Blind invente de nombreux tours et crée un prix qui porte son nom pour récompenser les inventeurs. En Italie enfin, se distinguent deux « Bosco » bien différents : Bartolomeo Bosco est un si remarquable « joueur de gobelet » que l'on grave sur sa tombe une baguette magique, un gobelet et une balle ; et un prêtre nommé Jean Bosco, fondateur de deux congrégations et d'un tiers ordre, qui a fait construire des écoles et des basiliques, s'adonne à l'art de la prestidigitation et du pickpocket. Il fut canonisé en 1934 par Pie XI et devint ainsi le saint patron des illusionnistes.

Comme un contrepoint à l'illusionnisme, le spiritisme se répand dès 1848 avec la réputation des sœurs Catherine et Margaret Fox, deux New-Yorkaises qui semblent pouvoir communiquer avec les morts par le biais d'esprits frappeurs. Réel ou pas, le phénomène provoque un engouement considérable et suscite les convoitises de nombreux charlatans qui proposent des séances de communications avec des personnes disparues. La plupart sont des séances dans lesquelles les guéridons sont truqués pour émettre des sons et où des compères collaborent à l'apparition de spectres. Les frères William et Ira Davenport présentent alors une attraction restée fameuse, l'« armoire diabolique », ancêtre des « cabines spirites » modernes, dans laquelle ils sont solidement attachés par des spectateurs et où pourtant des instruments de musique se mettent à jouer, des bruits se font entendre et des objets volent. Lorsque l'on ouvre brusquement la porte de l'armoire, les deux frères sont toujours solidement attachés. En fait, ils sont plusieurs fois ridiculisés et démasqués puisqu'ils produisaient eux-mêmes les différents phénomènes en parvenant à détacher une de leurs mains pour agir.

Malgré ces déconvenues, Sir Arthur Conan Doyle, le créateur du détective Sherlock Holmes, et Victor Hugo, entre autres célébrités, restèrent des adeptes convaincus de la réalité du spiritisme.

2. L'évolution de l'art de l'illusion à travers les âges

Du XXe siècle à nos jours : de Houdini à Las Vegas

À partir du début du XXe siècle, l'illusionnisme se développe aux États-Unis où il va connaître sa maturation. L'homme de cette transformation sera le célèbre magicien américain Harry Houdini, hongrois d'origine, qui se fera connaître comme le « roi de l'évasion ». En ajoutant un *i* au nom Houdin, ce qui signifie en italien « comme Houdin », Houdini voulait exprimer sa reconnaissance envers Robert-Houdin.

Houdini était un excellent prestidigitateur qui bâtit sa réputation sur sa facilité à s'échapper de n'importe quelle prison, caisse, coffre-fort ou camisole, et de n'importe quels liens, cordes, chaînes, menottes ou cadenas. Ce fut surtout un expert en matière de publicité qui déclarait que le plus important était que « son nom apparaisse au moins une fois par jour dans les journaux ». Et c'est en grande part grâce à ce battage médiatique autour de Houdini que l'illusionnisme connut le développement que l'on sait aux États-Unis.

Dans les années 1910, le cirque Barnum et les prestations de Houdini vont donner le goût au public pour les shows démesurés faisant intervenir un grand nombre d'assistants et un matériel volumineux, Harry Houdini étant le premier faire disparaître un éléphant sur la scène de l'hippodrome de New York en 1918. Ce ne seront plus alors que des spectacles de grandes illusions, femmes sciées en deux, lévitations totales, apparitions dans l'espace, disparitions d'animaux, femmes Zig-Zag, etc.

Les grands magiciens de cette époque sont Domenico Dante et sa revue Sim Sala Bim, Howard Thurston, Harry Blackstone, Kalanag ou Horace Goldin, inventeur de la fameuse illusion de la femme sciée en deux à la scie circulaire. Tous ces artistes présentent des shows de plus de deux heures trente avec des équipes de cinquante personnes, et se déplacent dans leur propre train rempli de matériel. La prospérité économique et le développement des États-Unis assurent le succès de ces spectacles, et les artistes de cette spécialité sont considérés comme des stars, jouant à

Les grands secrets du monde de l'illusionnisme

guichets fermés dans les plus beaux théâtres ou salles de spectacles autour du monde, et ceci jusqu'à la fin de la Seconde Guerre mondiale. Ce fut la grande vogue de l'illusionnisme, loin devant le cinéma encore muet, le théâtre ou la musique. On peut d'ailleurs relever que les stars du cinéma ou du spectacle sont, à l'époque, férues d'illusionnisme. Charlie Chaplin, Buster Keaton, Laurel et Hardy, Orson Welles et Marlène Dietrich pratiquèrent tous des numéros d'illusions. Orson Welles ayant plusieurs fois, au cours de sa vie, donné des spectacles dans des casinos de Las Vegas.

En France, la tendance reste aux techniques basées sur l'habileté et la dextérité, les grandes illusions étant l'apanage des magiciens américains. Deux ouvrages d'importance parus au cours du xxe siècle marquent parfaitement cette différence avec les États-Unis : *La prestidigitation sans appareils* de Camille Gauthier, qui paraît en 1914, ouvrage de référence absolue jusqu'à la publication de *La prestidigitation sans bagages ou mille tours dans une valise* du Dr Jules Dhotel en 1941. Ce seront les ouvrages de référence des meilleurs illusionnistes français, jusqu'à la publication au début des années 1960 des traductions d'ouvrages d'origine anglaise et américaine.

Après la guerre, l'intérêt du public pour le cinéma, les concerts de jazz, de *rythm and blues* puis de rock'n roll, et le développement de la télévision vont progressivement entraîner la raréfaction des grandes salles de spectacles qui pouvaient accueillir les spectacles des grands magiciens. Apparaissent alors les premiers manipulateurs qui travaillent avec des numéros muets de dix minutes à l'entracte des cinémas ou des music-halls. C'est l'époque du Cubain Fran-Klint et de l'Écossais Cardini, fantastiques manipulateurs de boules et de cartes qui travaillaient les mains gantées, de Keith Clark, grand manipulateur de cigarettes et premier à les faire apparaître allumées à la bouche, et surtout de Channing Pollock, inventeur des apparitions de tourterelles à mains nues dans des foulards. Tous exerçaient avec une classe et une distinction jamais égalées.

2. L'évolution de l'art de l'illusion à travers les âges

> L'attrait pour les spectacles d'illusion continue cependant de diminuer faute de renouvellement spectaculaire. C'est alors que va se produire une seconde révolution dans l'art de pratiquer l'illusionnisme. En effet, il est demandé aux illusionnistes de pratiquer leur art dans des clubs, qui deviendront par la suite des night-clubs, au centre d'une piste de danse autour de laquelle le public est assis pour dîner, très proche et entourant complètement l'artiste. Il n'est alors plus possible d'utiliser un matériel truqué trop évident à cette distance, ni des systèmes de trappes, de miroirs, de rideaux et d'écrans de fumée dont ces salles ne sont pas équipées. Dans ces conditions particulièrement difficiles, la plupart des artistes renonceront à exercer.

C'est alors qu'un jeune magicien d'origine canadienne, David Wingfield Verner, dit Dai Vernon, propose le postulat suivant : si, à cette distance, le public est trop proche pour que nous utilisions du matériel truqué, ne truquons plus le matériel mais truquons son cerveau, c'est-à-dire sa façon de raisonner. « Soit, mais comment ? » lui demandent ses confrères. « Par la psychologie » répond Dai Vernon, qui inventa à la fois des tours de cartes prodigieux et une nouvelle manière de pratiquer : le *close-up*, « gros plan » en anglais, c'est-à-dire un spectacle d'illusions qui doit se voir de très près.

Cette nouvelle forme de présentation et la création de tours neufs essentiellement pratiqués avec des objets ordinaires connaît rapidement un vif succès qui entraînera logiquement la création en 1963 à Hollywood par Milt et Bill Larsen d'un lieu spécialement dédié à ce type de spectacle : le Magic Castle. S'y produiront les ténors et créateurs de ce nouveau domaine : Dai Vernon bien sûr, surnommé « le Professeur » pour avoir été celui des meilleurs, mais aussi Albert Goshman, Edward Marlo, Tony Slydini, Derek Dingle, Jimmy Grippo, Paul LePaul, pour n'en citer que quelques-uns.

Et très curieusement, en même temps que le spectacle de *close-up* se développe, le grand spectacle va renaître et se développer grâce aux idées de quelques artistes.

Les grands secrets du monde de l'illusionnisme

En premier, deux artistes allemands, Ziegfried et Roy, vont créer à Las Vegas au début des années 1970 le premier show de magie associant des numéros d'illusions à des fauves. Ce spectacle d'un nouveau genre faisant disparaître ou apparaître des tigres, des guépards et des lions dans des cages pendues au-dessus du public, va laisser stupéfaits les spectateurs du monde entier.

Au même moment, à New York, un autre Canadien du nom de Doug Henning crée les premières comédies musicales entièrement consacrées à l'illusion. *The Magic Show* ou *Merlin* joueront à guichets fermés durant des mois sur Broadway. Il est également le premier créateur de shows télévisés et met au point des numéros pour des groupes de rock comme Earth Wind & Fire ou Michael Jackson.

Enfin, au début des années 1980, l'Américain David Seth Kotkin, surnommé David Copperfield, probablement en hommage à Charles Dickens qui était féru de prestidigitation, crée des shows pour la télévision avec des numéros de grande envergure comme la disparition d'un *lear-jet* sur un aérodrome, le survol du grand canyon du Colorado en tapis volant, la disparition d'un train ou de la statue de la Liberté.

L'intérêt soulevé par les spectacles de Ziegfried et Roy à Las Vegas a contribué à développer les spectacles d'illusions dans cette ville qui a été élue en 1997 capitale mondiale de l'illusionnisme. Même si l'accident survenu en 2003 à Roy Horn, gravement blessé par un tigre au cours d'un spectacle, a mis fin à leur activité, la ville accueille aujourd'hui les spectacles des meilleurs artistes de la spécialité, tels Rick Thomas, Penn et Teller, Lance Burton, Steeve Wyrick ou Mélinda, seule artiste féminine présentant un show en vedette.

Dans la même période, les grandes chaînes de télévisions de tous les pays du monde diffusent des programmes consacrés à l'illusionnisme qui font des records d'audience avec des artistes comme Paul Daniels en Angleterre, Sylvan en Italie, Gérard Majax et son fameux « Y a un truc », Dominique Webb (« Des magiciens ») ou Jacques Delord (« Les ateliers du

2. L'évolution de l'art de l'illusion à travers les âges

magicien ») en France, Juan Tamariz en Espagne. Des associations d'amateurs se développent dans 73 pays et se regroupent au sein de l'International Brotherood of Magicians (IBM) qui revendique 15 000 membres dans 300 clubs locaux. Enfin sur Internet les sites relatifs à cette activité, son histoire ou ses artistes sont innombrables.

L'illusionnisme est aujourd'hui le domaine artistique au sujet duquel sont publiés journellement le plus grand nombre d'ouvrages, livres, revues, vidéos et DVD. Les tours de cartes sont devenus le troisième hobby mondial derrière la philatélie et la pêche à la ligne. Et la boucle semble bouclée puisque la mode des nouveaux artistes américains, David Blaine en tête, est de retourner dans la rue pour faire des numéros comme, il y a quatre mille ans, les premiers magiciens égyptiens.

Chapitre 3
Les grands personnages du monde de l'illusionnisme

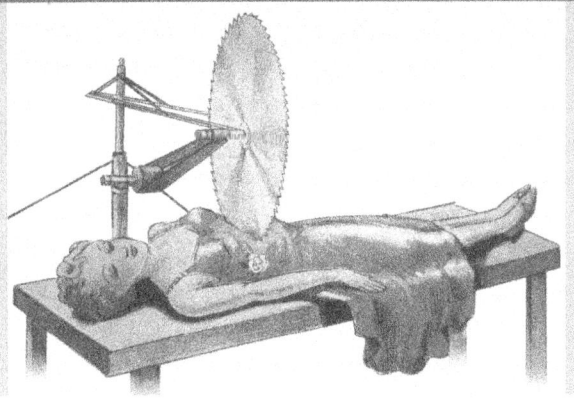

Robert-Houdin 1805-1871

Vous l'avez certainement compris, Robert-Houdin est le maître de l'illusionnisme, ayant modernisé la présentation et inventé des numéros extraordinaires et fondamentaux.

Jean-Eugène Robert est né à Blois le 7 décembre 1805. Son père était horloger et aurait souhaité que son fils devienne notaire. Mais le destin n'en a pas voulu ainsi. Le jeune homme est passionné par la mécanique de précision et travaille chez un cousin, horloger également. Un soir, ayant été retirer un traité d'horlogerie chez un libraire, ce dernier se trompe et lui remet le *Dictionnaire Encyclopédique des Amusements et des Sciences* qui comporte plusieurs chapitres consacrés à l'art de l'escamotage. Certains chapitres s'intitulent « Démonstrations de tours de cartes » ou « Comment décapiter un pigeon et le ressusciter ». Il passe la nuit à étudier les secrets qui y sont révélés et découvre sa véritable vocation. Au matin, sa conviction est faite, il sera magicien.

Il donne, à ses moments perdus, des représentations privées chez des particuliers et rencontre dans ces circonstances celle qui deviendra sa femme et lui donnera son nom pour en faire un nom d'artiste, Cécile-Églantine Houdin. En 1830, le couple déménage à Paris et Robert-Houdin s'installe comme horloger. Les débuts sont difficiles mais ses réalisations, son talent et ses inventions font merveilles. À l'exposition des produits de l'Industrie Française, en 1839, il présente l'une de ses premières « pendules mystérieuses », dont les aiguilles tournent sur un cadran de verre sans aucun mécanisme apparent, et reçoit une médaille de bronze. Il conçoit également de merveilleux automates qui dépassent en finesse et en origi-

Les grands secrets du monde de l'illusionnisme

nalité ceux du non moins célèbre Vaucanson. Sa « leçon de chant » est une pure merveille, où un oiseau de la taille d'un ongle apprend à siffler en écoutant la mélodie d'une boîte à musique. Il obtient une médaille d'argent à l'Exposition universelle de 1844 pour son automate l'Écrivain-Dessinateur, qui, au passage du roi Louis-Philippe, dessine impeccablement sa silhouette. Et la commercialisation de son réveil-briquet qui allume une bougie à l'heure désirée lui assure enfin un revenu confortable. Ceci lui permet, le 3 juillet 1845, d'inaugurer son théâtre des Soirées Fantastiques au premier étage de la galerie de Valois, au Palais Royal. C'est dans ce théâtre que Robert-Houdin va moderniser totalement l'art de l'illusionnisme, à tel point que l'on peut pratiquement affirmer qu'il en est le créateur.

Nous l'avons dit, l'apparence de sa présentation est complètement nouvelle pour l'époque. Il y présente alors des numéros de sa propre conception qui vont devenir, pour la plupart, des grands classiques de l'illusionnisme : la « bouteille inépuisable » pouvant servir liqueurs et boissons chaudes à volonté et qui deviendra le « barman du diable » dans les mains de Ryss en 1920 ; la « double vue », qui sera le prélude au développement des expériences de transmission de pensées ; la « disparition d'un enfant sous un gobelet », première grande illusion scénique ; l'« enfant soulevé par un cheveu », qui sera la première lévitation de l'histoire...

Robert-Houdin est en effet le créateur des systèmes de suspension, effet qu'il présente pour la première fois en public en octobre 1847. Avant lui, aucun artiste illusionniste n'avait jamais mis un autre être humain en suspension dans l'espace, si nous excluons la méthode du brahmane Sheshal que nous avons déjà évoquée. L'idée lui est très probablement venue à partir de la découverte, à cette époque, de l'éther, produit extrêmement volatile, car plus léger que l'air. Il chercha et mit au point un procédé qui donnait l'illusion que son fils, alors âgé de douze ans, flottait à l'horizontal après avoir inhalé de l'éther. Dans sa première version, son fils flottait à l'horizontal, le coude reposant simplement sur une canne

3. Les grands personnages du monde de l'illusionnisme

verticale prenant appui au sol. L'effet était déjà, pour l'époque, vertigineux. Mais soit parce qu'on l'avait informé de la méthode utilisée par le brahmane, soit pour rendre plus incompréhensible sa présentation, soit encore plus sûrement pour les deux raisons, Robert-Houdin mit au point quelque temps plus tard une « nouvelle suspension éthéréenne ». La présentation de sa lévitation se doublait alors d'un défi total aux lois de l'équilibre. Son fils flottait toujours en l'air, le coude replié appuyé sur une canne verticale, mais celle-ci prenait appui sur un tabouret posé à l'extrémité d'une planche, elle-même supportée sur un seul tréteau ! Gardez à l'esprit que ce n'est qu'une illusion et la réalisation d'un phénomène réel. Aucun être humain ne peut s'élever dans les airs. Ce serait la ruine des compagnies ariennes ! Il est utile de le redire : un illusionniste ne réalise pas des miracles. Il a simplement le pouvoir d'arriver à le faire croire.

Robert-Houdin fut l'inventeur de l'illusionnisme moderne et le premier grand créateur en ce domaine. Après sa mort, survenue en 1871, il suscita encore de nombreuses vocations dont deux particulièrement remarquables : le Lyonnais Buatier de Kolta et surtout Georges Méliès.

Buatier de Kolta 1847-1903

Fils de « soyeux » lyonnais, Joseph Buatier s'apprêtait à entrer dans les ordres à l'âge de 18 ans lorsqu'il fut remarqué dans un café alors qu'il présentait des tours de cartes à un groupe d'étudiants, par un noble hongrois excentrique, un certain Julius Vido de Kolta. L'homme, qui portait toujours quatre épaisseurs de vêtements sur lui pour « ne pas se blesser en cas de chute », lui proposa de devenir son impresario. Buatier accepta et De Kolta organisa des tournées dans des pays limitrophes. C'est au cours d'un voyage en Italie que Joseph tomba malade. Sous l'effet de la fièvre, il lui vint à l'esprit des idées de numéros fantastiques, dont il trouvait tout à la fois l'effet et l'explication sans qu'il parvienne jamais à comprendre comment ces idées lui étaient venues. Rétabli, il réalisa la plupart de ces numéros et les présenta au cours de spectacles dans

Les grands secrets du monde de l'illusionnisme

lesquels il ne montrait que des inventions personnelles. À la disparition de son impresario, il joignit son nom au sien en hommage.

Il exerçait devant toutes les cours d'Europe et étonnait les hauts personnages de l'époque. Il stupéfiait les spectateurs par des numéros aussi incroyables que la disparition d'une femme sur une plate-forme à jour et sans glace, la main qui dessine le portrait librement demandé, la disparition d'une femme dans une cage, le foulard passant d'une carafe à l'autre, l'apparition, à vue, d'un gant blanc géant, la cage éclipsée, sa propre disparition en haut d'une échelle de sept mètres...

Mais deux tours marqueront à jamais des générations de magiciens : le premier est la disparition d'une femme assise sur une chaise. Buatier déroule un tapis sur la scène, déplie un journal sur le tapis et pose une chaise sur le journal. Une femme vient s'asseoir sur la chaise ; Buatier la recouvre d'un voile, compte jusqu'à trois et tire le voile : la femme a disparu ! Ce tour deviendra un classique repris et adapté par les meilleurs artistes mondiaux. Le second sera le « dé grossissant », dont nous reparlerons plus loin.

Buatier de Kolta mourut en 1903 de la fièvre jaune à la Nouvelle-Orléans. Il avait demandé à sa femme qu'à sa mort tout son matériel fut détruit. Elle ne le fit pas et ramena une partie de ses accessoires en Angleterre. Malgré cela, un grand nombre de ses numéros n'ont jamais été révélés.

Ce qui est certain, c'est que Joseph Buatier de Kolta fut un immense magicien, dont Georges Méliès ne manqua pas de s'inspirer pour certains de ses films.

Georges Méliès 1861-1938

Successeur et dernier directeur du Théâtre des Soirées Fantastiques de Robert-Houdin de 1888 à 1920, il fut l'inventeur de plusieurs grands numéros comme la « Stroubaïka persane » ou le « Décapité récalcitrant », qui font aujourd'hui partie des classiques de l'illusion.

3. Les grands personnages du monde de l'illusionnisme

Il est beaucoup plus connu aujourd'hui pour avoir été l'un des pionniers du cinéma, créateur des premiers spectacles cinématographiques et surtout inventeur de la quasi-totalité des effets spéciaux utilisés dans ce domaine jusqu'à aujourd'hui. Il est intéressant de relever que la découverte et le développement du cinéma furent le fait des illusionnistes. Si Méliès était un professionnel reconnu, on sait moins que parmi les frères Louis et Auguste Lumière, illustres pour avoir réalisé le premier film de l'histoire, le second était médecin mais également illusionniste éclairé et membre fondateur du premier syndicat français de cette activité. Le cinéma provient directement d'un prolongement des spectacles d'illusions qui, entre 1850 et 1920, connaissaient un succès considérable dans la capitale française et obligeaient les artistes à trouver de nouvelles idées pour moderniser leur répertoire.

L'idée essentielle était de faire apparaître ou disparaître à vue des personnes vivantes. La première innovation fut mise au point par Henry Direks et John Pepper, et présentée au Royal Polytechnic Institution de Londres en 1862. Le procédé permettait l'apparition de spectres par la réflexion de personnes vivantes ou de photographies projetées sur des vitres invisibles ou des miroirs sans tain inclinés à 45 degrés et éclairés par des lampes fonctionnant au gaz oxyhydrogène. Ce système sera copié ou imité en France sous diverses dénominations : « Diaphanorama » ou « Fantasmagorie vivante ». Robert-Houdin inventera lui-même un procédé original pour la pièce de théâtre *La Czarine* donnée au théâtre de l'Ambigu à Paris en 1868.

Ce type de machinerie est cependant difficile à installer et à déplacer. Les recherches s'orientent alors naturellement vers un simple projecteur qui permettrait de projeter un personnage sous forme d'une image en trois dimensions, sans utilisation de vitres ou de miroirs. Un hologramme en quelque sorte, même si le mot n'existait pas encore à l'époque. Il était donc naturel que les illusionnistes professionnels s'intéressent aux travaux du Dr Maret sur la décomposition du mouvement et à tous ceux qui ont conduit à l'invention du cinématographe. Le résultat était, bien

Les grands secrets du monde de l'illusionnisme

entendu, très en deçà du but recherché. Ce qui fera écrire aux journalistes invités à la première projection publique des frères Lumière au Café de la Paix, place de l'Opéra, en 1897, que cette invention n'avait aucun avenir. Il leur semblait en effet que le procédé n'était pas au point puisque l'on repérait parfaitement l'écran sur lequel les images étaient projetées. Pour eux, on voyait « le truc » !

Or, et malgré ce handicap, le cinéma se développera sous deux formes d'expression bien distinctes :

- le cinéma dit « réaliste » réalisé par les frères Lumière, comme l'arrivée d'un train en gare ou la sortie des usines Lumière ;
- le cinéma dit « de fiction » initié par Méliès, qui créera le premier studio de cinéma du monde à Montreuil pour réaliser des films tirés de la littérature, tels le célèbre *Voyage dans la lune* de Jules Vernes, ou d'idées puisées dans des numéros d'illusions, comme le fameux « homme à la tête grossissante ». Pour cela, il invente toutes les techniques cinématographiques : le travelling, le gros plan, le ralenti, le banc-titre, et surtout tous les procédés d'effets spéciaux tels le fondu enchaîné, les incrustations, les superpositions, la peinture sur pellicule, etc.

Tentant le premier une exploitation de ses films aux États-Unis, ceux-ci ont été abusivement copiés et distribués sans aucun retour financier pour le créateur. Méliès finit ruiné et oublié, vendant des bonbons dans un kiosque de la gare Montparnasse, mais les deux grandes tendances du cinéma mondial ont été établies : le cinéma européen mettant en scène la vie dans sa réalité, d'Abel Gance à Éric Rohmer ; et le cinéma américain préférant la fiction et les effets spéciaux, de David Wark Griffith à George Lucas ou Steven Spielberg.

3. Les grands personnages du monde de l'illusionnisme

Harry Houdini 1874-1926

En 1888, au départ de sa carrière, Erich Weiss est un habile manipulateur de cartes qui se produit sous le nom de Erich the Great dans des *side-shows* et des cirques ambulants. Il aurait pu n'être que cela. L'origine de sa carrière provient d'un fameux numéro conçu par le marchand d'illusions parisien de Vere et baptisé, depuis sa présentation par le fils de Robert-Houdin, Émile, et son associé Brunnet en 1874, la « Malle des Indes ». Ce tour, qui allait connaître un succès international durable, consiste en un échange de place ultra rapide entre deux personnes dont l'une est enfermée et ligotée dans un sac à l'intérieur de la malle cadenassée.

En 1890, un hasard va permettre au jeune Erich Weiss d'acquérir ce numéro pour un prix dérisoire. Il l'exécute alors dans des foires et des cirques ambulants avec l'un de ses frères puis avec sa femme Bess. En hommage à Robert-Houdin (encore et toujours), il choisit le pseudonyme de Houdini, son ami Jack Hayman lui ayant précisé, à tort, que rajouter un *i* à la fin d'un patronyme signifie en italien « comme si ». Houdini pour « comme Houdin ». Preuve supplémentaire, s'il en est encore besoin, du prestige et de la renommée internationale du célèbre magicien français. Pour le prénom, Houdini choisit Harry en référence au meilleur magicien américain de l'époque, Harry Kellar, inventeur d'un foulard truqué encore utilisé et qui porte son nom.

Le secret de la « Malle des Indes » est impossible à deviner pour qui n'en connaît pas le principe. Or, Harry Houdini fut souvent sollicité pour fournir une explication par des spectateurs curieux. Pour préserver son secret, il commença à mentir en prétendant avoir le pouvoir de s'évader de partout. Ayant un ego démesuré, comme sa carrière l'a montré, il accepta de relever les défis de ceux qui voulaient mesurer l'étendue de son prétendu pouvoir. Fort d'une expérience de serrurier — ce fut l'un de ses premiers emplois — et de sa longue pratique du numéro de la « Malle des Indes » où il se libérait de chaînes et de menottes, il accepta. Et réussit

Les grands secrets du monde de l'illusionnisme

souvent. Il faut dire qu'à l'époque, les serrures et les cadenas n'étaient pas aussi complexes que de nos jours. Il comprend alors la force publicitaire de ces défis qui l'aident à remplir ses salles de spectacle. Il développe alors un ensemble de procédés pour parvenir pratiquement toujours à se libérer. Son sens du spectacle et de la publicité a fait le reste.

> Lui qui ne réalisait ce genre d'exploits que dans un but publicitaire est pris à son propre piège et doit en permanence faire la preuve de son talent. Alors que son plus grand plaisir était de présenter les « aiguilles enfilées dans la bouche », avec lesquelles il faisait un tabac.

Il n'est pas mort, comme le veut la légende relayée par le cinéma, en ne parvenant pas à s'évader de la fameuse cellule de torture à eau, mais plus stupidement. Il prétendait être assez musclé pour encaisser n'importe quel coup donné par l'homme le plus fort de la ville où il se trouvait. Un soir dans sa loge, un jeune homme vint le voir pour se mesurer à lui. Il accepta mais lui demanda un instant, le temps de se changer. Le jeune homme n'attendit pas et, à l'instant où Houdini se retourna, il reçut un uppercut sans avoir eu le loisir de bloquer ses muscles abdominaux. Il encaissa le coup sans broncher. Mais le coup avait éclaté sa ratte et déclenché une hémorragie interne dont il mourut dans les heures suivantes. L'un de ceux qui le portèrent en terre eut cette phrase magnifique en soulevant son cercueil : « Je vous parie qu'il n'y est déjà plus ! »

Ses évasions à répétition lui ont assuré une réputation internationale et son nom reste attaché pour l'éternité à un genre qu'il a créé et qu'il a su porter à son paroxysme : l'escapologie, ou l'art de s'évader de n'importe où.

3. Les grands personnages du monde de l'illusionnisme

Horace Goldin 1873-1939

Horace Goldin reste célèbre dans l'histoire de l'illusionnisme moderne pour avoir été l'inventeur de la première femme sciée en deux dans une caisse en bois et de la première femme sciée en deux à la scie circulaire, sans boîte. Il est également connu sous le pseudonyme du « magicien tourbillon », pour avoir réalisé 40 tours en 40 minutes. Il fut le « Roi des magiciens et le magicien des rois » pour avoir travaillé devant les plus illustres personnages de son temps.

Il fut le premier à faire disparaître une pianiste avec son piano, à réaliser la traversée d'une vitre sans la briser ou à faire disparaître une femme sur le plateau d'une balance (les plateaux, équilibrés au départ, prouvaient par leur déséquilibre le moment précis où la personne disparaissait). Il fut également le premier créateur d'un genre qui sera copié de nombreuses fois dans l'histoire du cinéma : le cinéma magique dans lequel des personnages et des objets passent de l'écran à la scène et inversement. L'idée sera reprise par Woody Allen dans le film *La rose pourpre du Caire*, utilisée par David Copperfield dans un show pour la production d'un éléphanteau, et poussée à l'extrême par l'acteur belge Marc Hologne dans un spectacle intitulé *Martiel monte à Paris*.

Harry Blackstone 1885-1965

La carrière de Harry Blackstone commence avec la création des music-halls. Il fut un magicien à « grand spectacle » exécutant la disparition d'un cheval, d'une voiture ou d'un dromadaire. Racontant le tour de la corde hindoue qui se déroulait en même temps derrière lui, il faisait semblant de ne pas le voir et, lorsque l'Indien avait disparu en haut de la corde, il concluait en demandant au public de ne pas le croire.

Les grands secrets du monde de l'illusionnisme

Ses plus grands succès furent le mouchoir emprunté qui dansait entre ses mains, la disparition de la cage à l'oiseau, dont s'inspira Garcimore, et surtout sa fameuse ampoule volante, qui éclairait sans être reliée à aucun fil. Ayant pris sa retraite en 1955 à Hollywood, son fils lui succéda avec le même succès.

Dai Vernon 1894-1992

David Frederick Wingfield Verner est né au Canada. Il décida d'entamer une carrière de magicien à l'âge de 19 ans et s'installa à New York. Un journal ayant imprimé Dai au lieu de David et les New-Yorkais n'arrivant pas à prononcer Verner mais Vernon, Dai Vernon était né. Frances Rockefeller devint son agent et lui ouvrit les portes des grandes soirées privées. Il fut accepté d'emblée tant son travail et son élégance étaient appréciés. Il inventait toujours ses tours et ne faisait jamais ceux d'un autre. Il bluffa Houdini en personne qui prétendait qu'aucun magicien ne pouvait lui présenter un tour qu'il ne comprendrait pas à la troisième vision. Dai Vernon lui montra le tour de la carte ambitieuse huit fois de suite et Houdini ne comprit rien. Cela lui assura une grande renommée.

Il partit s'installer à la fin des années 1950 à Hollywood, au Magic Castle. Il y resta et devint le professeur des meilleurs magiciens de la fin du xxe siècle : Ricky Jay, Larry Jenning, Michael Ammar, Mickael Skinner, David Roth.

Il fut l'inventeur du *close-up* avec Tony Slydini et quelques autres, et fut toujours considéré comme l'un des plus grands inventeurs de tours de cartes et une véritable encyclopédie de toutes les techniques de manipulation de cartes qui puissent exister, que ce soit en illusionnisme ou en tricherie au jeu. Il fut surnommé « le professeur » par son ami Garrick Spencer. Il était également pianiste et aimait jouer du piano à la fin de ses spectacles. Il reste et restera la plus grande figure légendaire du *close-up* mondial.

3. Les grands personnages du monde de l'illusionnisme

Tony Slydini 1901-1991

Quintino Marucci est né en Italie et son père, magicien amateur, l'encouragea dans cette voie. Il fut surtout passionné par la psychologie de l'illusionnisme et établit les bases du *close-up* avec Dai Vernon, en particulier les fondements du détournement d'attention et de raisonnement.

Après un passage par l'Argentine, il s'installe à New York, mais c'est en 1945 à la Nouvelle-Orléans qu'il présente pour la première fois un spectacle de *close-up* qui lui vaut vingt minutes de *standing ovation*. Il développe cet art et part s'installer au Magic Castle avec Dai Vernon où il rencontre les autres pères fondateurs de cette spécialité, Albert Ghosmann, Derek Dingle et Edward Marlo.

Son plus célèbre tour est certainement celui des deux mouchoirs noués par un spectateur et qui se défont en soufflant dessus, quels que soient les nœuds que fassent les spectateurs.

On demanda un jour à Dai Vernon à la fin de sa vie si un *close-up man* pouvait encore l'étonner. Il répondit : « Personne... ah si ! Tony ! »

Channing Pollock 1926-

Nul n'a jamais égalé le degré de perfection et de poésie que le magicien américain Channing Pollock a atteint dans la production de colombes à mains nues ou dans des foulards. Le succès de cet artiste exceptionnel, qui vit aujourd'hui retiré à Las Vegas, provient en partie de ce qu'il a inventé son numéro à la fin des années 1940, après la Seconde Guerre mondiale, à une époque où le monde rêvait de paix dont la colombe est l'emblème. L'homme qui faisait apparaître des colombes était par conséquent porteur d'espoir de paix.

Les grands secrets du monde de l'illusionnisme

Ajoutez à cela des manipulations de cartes splendides et un physique très agréable, et vous obtenez une star. Le cinéma ne s'y est d'ailleurs pas trompé. Il joua dans le très beau film de Georges Franju *Judex* en 1963 et dans d'autres productions.

Il restera toujours une légende pour avoir créé une catégorie d'apparitions parmi les plus extraordinaires dans l'histoire de l'illusionnisme.

Siegfried et Roy 1939- & 1944-

Siegfried Fischbaker et Roy Horn se sont rencontrés en 1960 lors d'une croisière en Norvège sur le *Bremen*. Siegfried exécutait un numéro d'apparitions de tourterelles à la manière de Channing Pollock et Roy était barman sur le navire. Ils passèrent plusieurs années à travailler ensemble pour des croisières.

L'oncle de Roy dirigeait le zoo de Hamburg et sa passion était les fauves. Il possédait un guépard et, pour un dîner de gala offert par un commandant, ils organisèrent une surprise. Ils exécutaient ensemble le fameux tour de la « Malle des Indes », qui fut le point de départ de la carrière de Houdini. Ce fut également le cas pour eux. En effet, Roy avait télégraphié à son oncle de faire venir son guépard et l'avait caché sur le bateau. Le soir du gala, ils firent le numéro de la « Malle des Indes » comme d'habitude, sauf qu'en final, ils demandèrent au commandant quel animal, autre que des colombes, il aimerait qu'ils fassent apparaître. Celui-ci demanda un guépard. Siegfried et Roy ouvrirent la malle et firent sortir le guépard en liberté. Ce fut du délire. Un producteur présent ce soir-là télégraphia au directeur du Lido de Paris en expliquant que deux magiciens avaient fait apparaître un fauve en pleine mer ! D'autre part, personne à cette époque ne se promenait avec un guépard attaché en laisse comme un gros chat ! Et le numéro était très audacieux, car quand Siegfried et Roy exécutaient la « malle des Indes », le guépard était déjà à l'intérieur !

3. Les grands personnages du monde de l'illusionnisme

Ils furent immédiatement sollicités à leur retour pour une soirée à Monaco et engagés au Lido de Paris. Puis ils partirent à Las Vegas où le Lido possédait un casino. Ils devaient y rester trois mois. Ils y ont passé leur vie.

Ils ajoutèrent sans cesse de nouvelles idées, transformant Roy en lion ou faisant disparaître des tigres, puis un éléphant (comme Houdini). On leur offrit les plus belles salles, jusqu'à l'hôtel Mirage qui leur appartient et qui est entièrement voué à leurs spectacles et à leurs fauves. Roy, grand spécialiste des tigres, fut toutefois victime d'un accident en novembre 2003 ; un tigre avec lequel il se retrouvait enfermé dans la même cage à la suite de leurs disparitions respectives dans l'espace, l'a partiellement rendu paralysé du côté gauche du corps. Cet accident met sans doute fin de manière définitive à leur longue carrière, plus de 35 années de spectacles.

Ils ne seront certainement jamais égalés dans le style et la magnificence de leurs shows. Ils furent et resteront longtemps les figures les plus emblématiques de Las Vegas, ville à laquelle ils auront apporté l'image de la réussite et du succès.

David Copperfield 1956-

David Seth Kolkin (curieux, le nombre de magiciens qui se prénomment David !) a commencé sa carrière de magicien à Chicago dans une comédie musicale intitulée *The Magic Man*. Il s'était initié avec le producteur de spectacles Ben Vereen. Il s'installa alors à New York et rencontra le directeur d'une chaîne de télévision à qui il proposa de monter des numéros d'illusions en « clips télé » pour la promotion de la chaîne. Devant le succès, on lui accorda un programme « spécial » une fois par an. Les producteurs des spectacles du magicien Doug Henning, qui venait de rejoindre une secte en Inde, cherchaient un remplaçant ; Copperfield fut choisi. Il démarra ainsi une carrière fulgurante, à raison de 500 shows par

Les grands secrets du monde de l'illusionnisme

an en moyenne, car souvent plus d'un par jour, et acquit une réputation mondiale relayée par la télévision et par sa relation avec le top model Claudia Schiffer.

Le succès de Copperfield provient de ce qu'il a su s'entourer d'une équipe de spécialistes pour la réalisation des illusions de ses spectacles (Chris Kenner, John Mendoza, Christian Fechner, Jim Steinmeyer et John Gaughan) et de son style, la *Copperfield touch*, mélange de danse, de musique et de sensualité très particulier. Il restera à jamais célèbre pour son *flying*, lévitation totale qui donne l'impression qu'il peut véritablement voler sur scène.

Il est, avec Siegfried et Roy, le plus grand artiste de la fin du XXe siècle et du début du XXIe. Beaucoup ont tenté de l'imiter, mais les maîtres sont toujours inimitables.

Chapitre 4
Les principes fondamentaux de l'illusionnisme

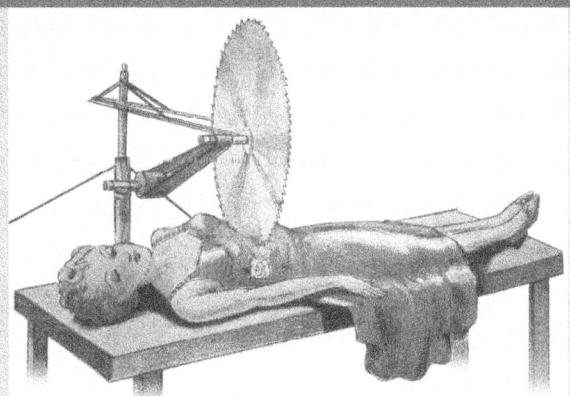

Tous les numéros d'illusionnisme qui ont été inventés, et il en existe plusieurs millions, reposent sur cinq principes fondamentaux. Pas un de plus, pas un de moins :

- les apparitions ;
- les disparitions ;
- les transformations ;
- les lévitations ;
- les divinations.

Les trois premiers sont les plus anciens. Le bâton devenant serpent est une transformation, c'est-à-dire le passage d'un objet d'un état à un autre. Les décapitations sont des disparitions et des réapparitions de têtes. Les deux derniers sont les plus récents, ils datent du XIXe siècle et ont été l'œuvre du génial magicien français Robert-Houdin. Voyons à présent plus en détail ce que recouvrent ces cinq principes.

Le point commun de ces cinq principes est la rapidité, voire l'immédiateté de l'exécution (d'où l'idée de prestesse de la *prest*-idigitation). Ce qui est « magique », c'est la transformation instantanée d'une danseuse en tigre ou en panthère ; si cela demande trois minutes, tout spectateur imagine que la danseuse a suffisamment de temps pour partir avant que le fauve n'arrive. Le temps supprime la « magie ». Il en est de même pour tout en illusionnisme, que ce soit la transformation d'une carte en une autre ou d'une boule rouge en une verte.

L'autre élément essentiel est l'absence absolue d'hésitation ou de tâtonnement. La sûreté dans l'exécution est également un point capital pour garantir l'impact de l'effet du tour. Si l'exécutant se reprend, hésite, recommence ou s'excuse, il ne peut plus y avoir de « magie », car elle n'existe que dans l'absence apparente d'effort ou de difficulté. C'est la raison majeure qui fait que l'entraînement est long pour approcher de la perfection, qui rend acceptable pour le spectateur le résultat en tant que « tour de magie ».

Les apparitions

Une apparition consiste à mettre dans le champ de vision des spectateurs un objet ou un être vivant qui, quelques instants plutôt, ne s'y trouvait pas. La réflexion sur laquelle repose la mise au point d'une apparition est double :

Où placer préalablement ce qui doit apparaître ?

Comment le faire apparaître rapidement et sans hésitation ?

Pour résoudre la première partie du problème, il faut soit trouver l'endroit insoupçonnable pour cacher ce qui doit apparaître, soit rendre insoupçonnable l'endroit où cela est caché.

C'est dans le fait de dissimuler le plus subtilement l'objet de l'apparition que l'ingéniosité des créateurs d'illusion se révèle. La première idée fut certainement le « double fond », compartiment secret dissimulé au fond d'un récipient. Le *Zauber Vase*, dont nous avons déjà parlé, nous montre que l'idée est forte ancienne.

La main fut ensuite le lieu privilégié pour dissimuler de petits objets que l'on souhaite faire apparaître. Comme nous le verrons dans le chapitre consacré aux techniques manipulatoires, le principe de base est de savoir tenir et dissimuler astucieusement des pièces de monnaie, des boules ou des cartes. C'est d'ailleurs l'origine du plus ancien tour que constitue le jeu des gobelets.

4. Les principes fondamentaux de l'illusionnisme

> Le génie de Channing Pollock, créateur des apparitions de tourterelles dans les foulards au début des années 1940, provient de ce qu'avant lui, on ne faisait apparaître des oiseaux que par l'intermédiaire de boîtes ou d'accessoires à double fond. Il eut l'idée révolutionnaire et jamais pratiquée avant lui de trouver de nouveaux emplacements pour dissimuler les oiseaux (non, pas dans les manches !) et d'inventer aussi le moyen de les en faire sortir rapidement. L'effet est si prodigieux que beaucoup de magiciens ont essayé de l'imiter – combien de fois avez-vous vu des magiciens faire sortir des oiseaux d'un foulard ? – mais aucun n'a jamais égalé la classe et la perfection de son inventeur. Si vous souhaitez vous en faire une idée, procurez-vous le film de Georges Franju, Judex, dans lequel Channing Pollock tient le rôle principal et exécute une partie de son numéro lors d'une scène de bal.

Il est évident que les animaux sont plus difficiles à dissimuler que des objets inertes puisqu'ils ne peuvent rester longtemps dans des caches où l'air peut venir à leur manquer. Lorsque Harry Blackstone inventa vers 1930 le fameux tour de la « cage éclipsée » dans lequel il faisait disparaître en une fraction de seconde une cage contenant un serin, il fut assigné en justice en Angleterre par une association de protecteurs des animaux qui prétendaient que l'oiseau ne pouvait survivre et lui reprochaient de tuer un oiseau par représentation. Blackstone demanda une audience à huis clos et expliqua aux juges, sous le serment du secret, le fonctionnement de cette disparition. Il leur montra que non seulement l'oiseau restait en vie, mais qu'il était exempt de toute brutalité malgré la soudaineté de la disparition.

On peut obtenir une apparition ultrarapide par des moyens mécaniques – rideaux tombant pour faire écran, fumées, projections d'éclairages ou abattements de volets mobiles – car certains mécanismes sont plus rapides que l'œil. En revanche, lorsque l'apparition est effectuée manuellement, aucun mouvement de la main ne peut être plus rapide que l'œil. La rapidité de production « apparente » d'un objet sera donc obtenue par un

Les grands secrets du monde de l'illusionnisme

décalage psychologique entre le moment où l'objet doit entrer dans le champ de vision du spectateur et le moment où il est réellement perçu comme « existant ». On étudie plus particulièrement ce phénomène dans le cas des apparitions de cartes ou de pièces à mains nues. Les objets ne sont pas cachés dans les manches comme l'impression rendue le laisse souvent croire, mais simplement tenus dans les mains par des techniques appropriées. Pour qu'une carte ou une pièce venant du dos de la main semble réellement venir du néant, il est nécessaire que l'objet, une fois mis horizontalement derrière la main en position de pré-apparition, ne soit pas amené à la verticale par la simple force des doigts mais prenne appui sur l'air par un mouvement de la main de haut en bas qui le fait se redresser de lui-même sans une forte dépense d'énergie manuelle. C'est ce mouvement imperceptible qui met l'objet en une fraction de seconde dans le champ de vision des spectateurs. Les débutants qui essayent de pratiquer cette technique croient souvent à tort qu'elle n'est due qu'à une technique ultrarapide des doigts. C'est l'illusion qui fut obtenue par quelques grands manipulateurs comme Fred Kaps ou Cardini.

Enfin, d'un point de vue psychologique, il est utile de savoir qu'une apparition a toujours plus d'impact qu'une disparition. En effet, la présence de l'objet apparu supprime la réflexion dans l'esprit du spectateur. Il ne se pose la question « D'où vient-il ? » que quelques secondes, puis accepte volontiers, sans chercher à comprendre, la présence de l'objet apparu. D'autant que l'effet de surprise est très fort puisque l'être humain imagine toujours difficilement ce qui n'est pas encore. En même temps, une apparition est plus difficile à créer qu'une disparition ; nous allons voir pourquoi en analysant les disparitions.

4. Les principes fondamentaux de l'illusionnisme

Les disparitions

Les disparitions reposent sur l'effet inverse. Un objet ou un être vivant quitte le champ de vision ou de perception des spectateurs. Voici les questions qu'il faut résoudre pour les réaliser :
- Où l'objet sera-t-il dissimulé ?
- Comment le raisonnement du spectateur sera-il égaré pour ne pas le supposer ?

Prenons un exemple simple. On tient une pièce dans la main droite, on la pose dans la main gauche qui se referme dessus. Un instant plus tard, on ouvre de nouveau la main, la pièce a disparu. Cela peut sembler formidable, cela ne l'est pas forcément. En effet, deux à trois secondes après avoir analysé le résultat de cette disparition, le cerveau d'un spectateur normalement constitué se demandera logiquement si la pièce n'est pas restée dissimulée dans la main droite. Si elle s'y trouve effectivement, l'illusion, pourtant bonne durant deux à trois secondes, est ruinée.

La difficulté du mécanisme d'une disparition tient en ce qu'elle exacerbe l'esprit du spectateur aussi longtemps qu'il ne sait pas où l'objet disparu est caché. L'esprit peut se servir de tout ce qu'il voit pour imaginer où l'objet est dissimulé et supposer qu'il s'y trouve. Si ce n'est pas à gauche, c'est à droite. Le raisonnement est simple mais toujours bon.

Le problème de l'illusionniste est que, si l'objet est effectivement à droite, le spectateur en a la preuve. L'objet est là. À l'inverse, dans une apparition, même si l'objet qui apparaît à gauche venait de la droite, une fois l'objet apparu, il n'y a plus de « preuve » à droite. Donc le spectateur peut encore en douter. L'illusion et son impact restent forts.

Par conséquent, pour qu'une disparition soit réussie, il faut qu'il n'y ait plus de preuves et que l'objet ait, d'une manière physique et psychologique, totalement disparu de l'esprit du spectateur. D'où la difficulté plus importante

Les grands secrets du monde de l'illusionnisme

que pour l'apparition. Mais si la disparition ne laisse aucune possibilité au spectateur de deviner où l'objet est caché, l'impact est très puissant.

Deux aspects peuvent intervenir pour que la disparition soit réussie :
- la taille de l'objet qui disparaît ;
- les conditions matérielles de la disparition.

Concernant la taille, plus l'objet disparu est volumineux et plus le défi est important. Robert-Houdin fut le premier à faire disparaître un enfant sous un cornet ; Houdini le dépasse en faisant disparaître un éléphant sur l'hippodrome de New York ; Horace Goldin, une pianiste et son piano ; et David Copperfield bat tous les records en faisant disparaître successivement un avion, un wagon et la statue de la Liberté.

Concernant les conditions matérielles, il est moins impressionnant de faire disparaître un objet sur la scène d'un théâtre dont on peut supposer l'existence de trappes, que sur le béton d'une piste d'atterrissage. Pour cette raison, les magiciens allemands Siegfried et Roy avaient mis au point il y a quelques années pour l'un de leur show à Las Vegas la disparition « en l'air » d'un éléphant, l'animal étant hissé à deux mètres du sol sur une plateforme. Ces conditions limitent les possibilités pour les spectateurs de deviner ce qu'il a pu advenir de l'animal.

Une autre difficulté dans les apparitions est que leur résultat doit être réel, c'est-à-dire que l'objet apparu doit être vrai car le public aura tout le loisir de l'examiner, au moins du regard, en détail.

Pour une disparition, au contraire, l'objet peut être totalement ou partiellement factice. Il est d'ailleurs plus simple de donner l'illusion d'une chose au départ pour la faire disparaître. Un cube n'étant toujours visible que sur trois côtés, il est beaucoup plus simple de faire disparaître trois faces d'un cube plutôt que six. Beaucoup de disparitions d'objets, dans l'histoire de l'illusionnisme, ont été créées par la réalisation d'objets n'ayant que l'apparence de leur réalité.

4. Les principes fondamentaux de l'illusionnisme

Cela était toujours plus facile lorsque le public n'était pas assez près pour s'en rendre compte. Les difficultés commencèrent lorsque les illusionnistes durent travailler en étant très proches du public. Dai Vernon, Slydini, Goshman, les grands fondateurs du *close-up*, mirent alors au point les principes psychologiques permettant des disparitions d'objets réels dans des conditions d'extrême proximité.

> L'une des solutions psychologiques pour résoudre le problème de la « preuve » de la présence de l'objet dans un endroit susceptible d'être deviné, fut de faire suivre très rapidement la disparition d'une réapparition de l'objet, soit au même endroit soit dans un endroit différent. Ce fut la création des tours à deux impossibilités, progrès considérable dans l'évolution de l'illusionnisme avec l'avantage de ne plus pouvoir être pris en défaut. Ce fut notamment le cas avec la disparition du garçon sous le cornet de Robert-Houdin, car si la disparition était déjà difficile à comprendre, la réapparition instantanée de celui-ci tirant un coup de revolver au milieu du public rendait toute explication impossible, d'autant que je puis vous assurer qu'il s'agissait bien du même garçon et non d'un jumeau.

Le principe en la matière est évidemment celui d'un décalage entre le moment où l'on croit que l'enfant disparaît et celui où il a vraiment disparu. Le décalage peut évidemment être applicable, et il est appliqué, toutes les fois qu'une disparition peut être suivie d'une réapparition. Tout peut alors disparaître, mais il ne faut pas sous-estimer l'intelligence et la faculté d'analyse inconsciente des spectateurs. Il existe des limites à ne pas dépasser. Tout spectateur, même un enfant, sait intuitivement que si l'on va faire disparaître un éléphant, celui-ci peut partir par ses propres moyens et qu'il s'agit donc d'une illusion. Le défi est donc de faire en sorte que personne ne puisse deviner par où et à quel moment l'éléphant est parti.

Les grands secrets du monde de l'illusionnisme

L'idée la plus absurde qui soit jamais venue à l'esprit d'un illusionniste est certainement celle de faire disparaître la Tour Eiffel. C'est en effet une idée qui ne peut réellement toucher l'esprit d'aucun spectateur, tant chacun sait que, compte tenu des tonnes d'acier qu'elle pèse et du fait évident qu'elle n'est pas montée sur roulettes, elle ne peut absolument ni partir ni disparaître. Pourtant, un magicien français, dont il est charitable de ne pas citer le nom, a tenté, il y a quelques années, d'en relever le défi pour la télévision. David Copperfield lui-même avait fait l'objet de critiques lorsqu'il avait présenté, pour la télévision américaine, la disparition de la statue de la Liberté dans le port de New York. En effet, si les téléspectateurs ne voyaient effectivement plus la statue, les New-Yorkais habitant le secteur téléphonaient pour certifier qu'ils la voyaient toujours. Il y a des limites à la crédulité. Mais ce magicien français ne semblait pas les connaître, quand il eut tout simplement le culot de faire éteindre la Tour Eiffel, pour la rendre difficile à percevoir en pleine nuit pour une caméra placée sur la colline d'une commune avoisinant Paris, et prétendre qu'elle avait disparu du paysage parisien, devant quelques millions de téléspectateurs. L'idée serait intéressante seulement s'il était possible de faire simultanément réapparaître la tour Eiffel dans un endroit totalement différent. Avis aux amateurs, et surtout aux professionnels !

Disparition et apparition sont également les deux composantes des transformations.

Les transformations

Hormis le cas de la chenille qui devient papillon, il n'existe dans la nature aucun objet ou être vivant capable de se transformer spontanément en un autre. Et même si des changements peuvent survenir pour certains êtres vivants, ils ne sont pas assez rapides pour présenter un quelconque intérêt en matière de spectacle. Nous avons vu d'où venait l'intérêt, pour les illusionnistes, de combiner une disparition et une apparition. Mais

4. Les principes fondamentaux de l'illusionnisme

certains d'entre eux ont rapidement compris l'intérêt qu'il pouvait y avoir, en pratiquant les deux actions sur des objets différents, de réaliser un change. L'idée du bâton transformé en serpent fut certainement l'une des toutes premières applications. En effet, si un objet disparaît et qu'un autre apparaît immédiatement à sa place, l'impression visuelle ressentie est une transformation de l'un dans l'autre. Il y a là d'ailleurs et précisément une « illusion » car c'est l'œil, ou plus exactement le cerveau, qui crée automatiquement le lien qui laisse croire à la transformation.

> *La quantité de travail de recherche, de mises au point et d'entraînement est alors double pour l'illusionniste puisqu'il doit être capable de faire simultanément disparaître le premier objet et apparaître le second. Mais le travail est presque toujours plus « payant » car l'effet d'une transformation est très satisfaisant pour l'œil du spectateur.*

Cependant, toutes les transformations ne sont pas nécessairement intéressantes. Pour qu'un spectateur en soit satisfait, il faut respecter certains paramètres. Le premier est celui de la logique. Le tour de bâton transformé en serpent nous en donne le parfait exemple : il faut qu'il y ait similitude d'aspect entre l'objet A, « bâton », et l'objet B, « serpent », par la taille et par la couleur. Plus les deux se ressemblent, plus le spectateur aura l'illusion d'avoir vu le premier devenir le second.

Pour bien le comprendre, grossissons le trait : si le bâton utilisé est vert et mesure un mètre alors que le serpent est noir et fait quatre mètres, il est évident pour le spectateur que, les deux choses étant bien différentes, l'une n'a pu devenir l'autre. L'illusion n'existera pas même si la méthode utilisée est rigoureusement parfaite.

Le tour du serpent en bâton présente de surcroît cet avantage que la transformation se fait apparemment d'un objet inerte à un être vivant. C'est ce qui rend l'effet si puissant. Si le serpent était mort, l'effet, pourtant étonnant, ne présenterait plus le même intérêt.

Channing Pollock s'en est peut-être inspiré pour inventer l'un de ses effets les plus remarquables : la transformation d'une colombe en foulard. Une colombe est prise en main, jetée en l'air, et, lorsqu'elle retombe, elle est devenue un foulard blanc. Dans ce cas, A est vivant et B est inerte. Mais le principe est identique.

Le respect d'une limite logique apparente est essentiel pour pratiquer une magie dite « sérieuse ». Son dépassement permet d'aboutir parfois à l'absurde, pour atteindre le rire. Ce qu'obtenait très bien le magicien Dominique au Lido de Paris en transformant une spectatrice, assise sur une chaise, en chèvre ! Le procédé était précisément une combinaison du principe de la disparition d'une personne assise sur une chaise, inventé par le Français Buatier de Kolta au XIXe siècle, et l'apparition de la chèvre, mise au point par Dominique lui-même.

Les lévitations

On aura certainement de la peine à le croire, mais la lévitation n'est qu'une invention d'illusionniste. Aucune preuve d'objet, d'animal ou d'être humain ayant réussi à s'extraire du phénomène de la gravitation universelle découverte par Newton n'a jamais été rapportée. Et la première démonstration du trucage, nous l'avons vue, remonte au début du XIXe siècle en Inde.

En fait, l'idée est extrêmement ancienne. Le mythe du vol d'Icare ayant collé des plumes d'oiseaux pour se doter d'ailes capables de supporter son poids, en est sans doute la première expression. L'aboutissement de cette envie par la réalisation des premiers avions aura quand même pris quelques millénaires.

Le fait curieux est qu'avant 1820, aucun être humain n'ait tenté de le simuler. En tout cas, la preuve fut faite à Londres que la suspension du brahmane Sheshal reposait sur un principe d'équilibre tout à fait rationnel

4. Les principes fondamentaux de l'illusionnisme

et ne devait rien à une quelconque méditation. L'idée selon laquelle certains moines bouddhistes tibétains parviendraient à s'élever en l'air de quelques centimètres, uniquement par la puissance de leur concentration ou par une méditation telle que, oubliant leur corps, celui-ci ne pèserait plus rien, fut souvent colportée. Elle fut reprise par Hergé dans l'album *Tintin au Tibet* lorsque celui-ci fait halte, au cours de ses aventures, dans un monastère bouddhiste.

> *Cependant, le procédé permettant de faire croire à une lévitation de quelques centimètres au-dessus du sol existe bel et bien. C'est un effet optique simple qui fonctionne si les observateurs sont placés dans le bon angle et à une certaine distance de l'exécutant. Celui-ci doit se placer complètement de dos par rapport aux spectateurs. La position des pieds doit être la suivante : pied gauche en avant, pied droit perpendiculaire collé contre le talon gauche, pour former un T. En penchant légèrement vers l'avant, le corps restant droit, sur la pointe du pied gauche, le talon du pied gauche se soulève. Il suffit de lever en même temps le pied droit en le laissant contre le talon du pied gauche. Vu de dos et à une distance de deux ou trois mètres, tout le corps semble s'élever en même temps alors qu'il repose uniquement sur l'avant du pied gauche. La difficulté est de garder l'équilibre, mais si l'élévation et la descente sont exécutées lentement, l'observateur placé dans le bon angle ressent un véritable effet de lévitation.*

L'idée fut utilisée dans certains monastères tibétains. Lorsque des novices visitaient le lieu, un moine, dans un endroit certainement choisi pour l'angle de vue des visiteurs, se tenait de dos, immobile. Un visiteur ne manquait alors pas de demander ce que faisait ce moine. Le guide lui répondait qu'il était en méditation et que, par cette médiation, il arrivait parfois que son corps parvienne à s'élever de quelques centimètres, preuve de l'élévation de son esprit. Les visiteurs, curieux, attendaient et, quelques instants plus tard, le moine exécutait le mouvement que nous

Les grands secrets du monde de l'illusionnisme

avons décrit. N'oublions pas que les moines ont des tuniques descendant sur les chevilles, ce qui permet de dissimuler encore mieux la montée de la jambe droite. L'effet était stupéfiant et permettait de convaincre les novices de la puissance de la pensée sur le corps. Beaucoup adhéraient alors immédiatement. Encore un exemple de l'utilisation de l'illusionnisme en matière religieuse.

Depuis que Robert-Houdin a mis au point sa « suspension éthéréenne » puis l'« Enfant soulevé par un cheveu », de nombreux illusionnistes ont inventé divers moyens pour faire voler, flotter et maintenir dans l'espace une quantité innombrable d'objets et d'êtres vivants. Cela va des boules (Joe Karson, Okito) aux cartes à jouer (la houlette aux cartes du Dr Hooker) en passant par des fleurs et des têtes factices (Socrate), des oiseaux, des ampoules électriques allumées (Blackstone), des cannes (Fantasio), des billets de banque, des cravates (Fin Jonn), des mouchoirs (Blackstone encore), un violon (Norm Nielsen), un piano (Dominique Webb) et j'en oublie. Le support original de la canne de Robert-Houdin a également évolué, devenant, au gré des idées des nouveaux interprètes, du papier journal plié qui se déploie pour former un tube (Hans Moretti), des balais (Ricciardi Jr.), de pieds de micro (Pendragons), des tubes néons, des sabres (Michel de la Vega), des fusils (Yogano) ou des jets d'eaux (Doug Henning). Le principe est toujours celui de Robert-Houdin, seule la présentation est modifiée.

À l'origine, toutes les lévitations étaient des « suspensions », c'est-à-dire des lévitations partielles, le sujet reposant toujours sur un point d'appui. L'« enfant soulevé par un cheveu » fut en revanche la première lévitation jamais réalisée sur une scène de théâtre puisqu'il y avait déplacement du corps de l'enfant en différents points de la salle.

Le premier à être parvenu à réaliser une lévitation totale, c'est-à-dire de faire flotter horizontalement un être humain sans aucun support, fut l'américain Howard Thurston, vers 1925. Ce type de lévitation est appelé aujourd'hui « lévitation Aga ». Le principe initial était particulièrement complexe dans son installation et l'idée a été perfectionnée vers 1980 par

4. Les principes fondamentaux de l'illusionnisme

l'américain John Gaughan, passé du métier d'ingénieur automobile à celui de créateur d'illusions, pour la mise au point du numéro d'homme volant de David Copperfield, le célèbre *flying*.

> *La combinaison d'une lévitation et d'une disparition donnera la fameuse lévitation dite « Asrah » inventée par le magicien Servais Leroy, qui consiste à mettre en lévitation horizontale une personne ou un objet recouvert d'un voile. L'ensemble s'élève alors de deux mètres de hauteur et s'immobilise. On tire le voile et la personne ou l'objet disparaissent instantanément.*

On a pu trouver différents systèmes qui permettent de soulever un être humain sans support apparent. Le plus répandu est sans doute celui communément appelé « super X », mis au point par U.F. Grant, mais il en existe beaucoup d'autres. Au XIXe siècle, on prétend avoir vu le médecin anglais Daniel Dunglas Home s'envoler par une fenêtre et revenir par une autre. Les Yogano, famille originaire du Nord de la France, font partie aujourd'hui des meilleurs experts en matière de lévitation, capables de faire voler ou de mettre en suspension pratiquement n'importe quoi. Êtres humains en position verticale, horizontale ou assise, mais également chevaux, chiens et même vaches !

Les différents mécanismes qui permettent de mettre un objet ou un être vivant en lévitation sont des tiges, des fils ou des barres de soutien. Le principe des souffleries utilisées pour soulever des balles de ping-pong dans les stands de tirs de baraques foraines est inutilisable en spectacle car trop bruyant, et il ne permet pas de stabiliser l'objet. C'est également le cas avec le magnétisme. Il est possible aujourd'hui de mettre des petits aimants en lévitation à dix centimètres sur des supports de supraconducteurs en céramique qui ont besoin, pour fonctionner, d'être refroidis à des très basses températures (-190 °C), que l'on peut obtenir grâce à l'hélium liquide. Ce procédé est beaucoup trop compliqué et dangereux pour être adapté à une salle de spectacle.

Les grands secrets du monde de l'illusionnisme

Les divinations

Le dernier des cinq principes fondamentaux de l'illusionnisme est la divination. Il est celui qui fut inventé le plus récemment et provient encore une fois de Robert-Houdin. Avant lui, on trouvait dans quelques ouvrages le principe permettant de deviner une carte à jouer. Mais c'était à peu près le seul effet en ce sens et la présentation était assez pauvre. En créant le numéro de la « Double vue », Robert-Houdin inventa indirectement un nouveau concept, celui de la transmission de pensées. Ce fut le point de départ d'une nouvelle catégorie d'illusionnisme qui se développa progressivement sous la dénomination du « Mentalisme », c'est-à-dire des effets qui mettent en apparence le cerveau de l'artiste en contact direct avec ceux des spectateurs par le biais de supports matériels, papier, carte à jouer, numéro de billet de banque, mots dans un livre, etc.

Le principe initial était le suivant et fut développé durant de longues années par des couples d'illusionnistes : une femme est sur scène, les yeux bandés, son mari est dans la salle et demande à un spectateur son permis de conduire. La femme annonce immédiatement le numéro du permis en question. Ce fut le cas du couple Myr et Myroska qui poussa si loin la perfection qu'en 1970, le ministre André Malraux déclara après les avoir vus sur scène : « S'il n'y a pas de truc, c'est formidable. Mais s'il y en a un, c'est encore plus formidable ! »

Au XXe siècle, des illusionnistes comme Alex Corinda, Teo Anneman ou Maurice Vogel vont supprimer les intermédiaires, c'est-à-dire le mari dans la salle. La lecture de « pensées » se fera alors en « direct » et sera beaucoup plus impressionnante.

> *Deviner et prédire sont les deux (seules) mamelles du mentalisme. Soit l'artiste montre qu'il avait prévu à l'avance le résultat d'une opération qui interviendrait plus tard, le montant d'une addition ou le résultat d'un tirage au sort par exemple. Soit il s'avère capable de deviner le choix ou la pensée*

4. Les principes fondamentaux de l'illusionnisme

> *d'un spectateur après que celui-ci a agi. Il peut deviner le mot qu'un spectateur a choisi dans un livre (les Anglais appellent ce type de numéro un book test), savoir l'heure à laquelle un spectateur a pensé, trouver la couleur de la voiture de sa femme, deviner quel fusil est chargé parmi cinq...*

Cette forme d'illusionnisme est aujourd'hui très en vogue. Elle demande une excellente mémoire, beaucoup de concentration, un formidable sens de l'à-propos et des opportunités que l'on ne peut détenir qu'après une solide pratique des autres spécialités d'illusionnisme. Le Canadien Gary Kurtz a d'abord accompli un très sérieux parcours comme illusionniste de *close-up* avant de se lancer dans une carrière de mentaliste. Ce n'est pas une discipline pour débutant. Avant d'y parvenir, il est préférable de s'exercer à d'autres formes d'illusionnisme que nous allons passer à présent en revue.

Chapitre 5
Les différentes catégories de numéros d'illusion

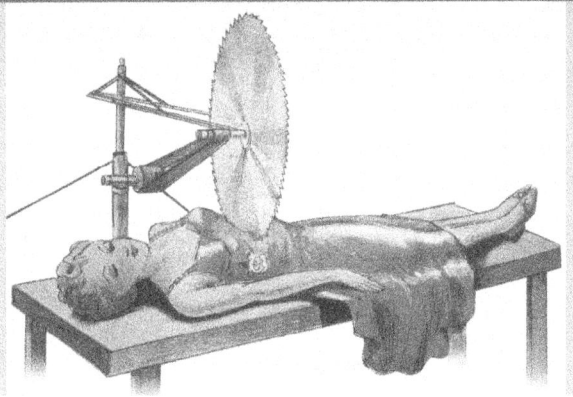

La pratique de l'illusionnisme comporte plusieurs branches, qui font souvent l'objet d'une spécialisation et que les concours nationaux ou internationaux organisés régulièrement à travers le monde par des associations dotent de différents prix.

La manipulation

Sous ce terme, il faut entendre non une manipulation de l'esprit pour mettre les autres sous son contrôle, mais uniquement les effets d'illusion obtenus par l'habileté des mains. On met généralement sous cette dénomination toutes les techniques de manipulations de cartes, de boules, de cigarettes (éteintes ou allumées), de foulards, d'oiseaux (colombes, perruches, canaris, perroquets et cacatoès), de dés à coudre, de verres, de bougies ou de cannes effectuées sur scène, à distinguer de celles, plus particulières et différentes, effectuées en *close-up*.

Les principales techniques sont l'empalmage (*palming*), l'empalmage avant et arrière (*back and front palming*), les coulées, les pincements, les productions, les éventails, les projections, les effets boomerang, les prises, les charges et les transferts.

La maîtrise de ces techniques demande généralement des années d'entraînement avant de pouvoir les présenter en public avec un minimum d'assurance. Ce n'est pas la branche la plus simple mais il faut généralement commencer par cela pour développer l'agilité et la coordination entre les différents gestes.

Les grands secrets du monde de l'illusionnisme

La magie générale

Entrent dans cette catégorie intermédiaire et un peu fourre-tout, tous les tours qui ne sont pas de la manipulation ni des grandes illusions. L'habileté requise est moins importante que dans la catégorie précédente. Mais la gestuelle reste fondamentale. On utilise en magie générale beaucoup plus d'accessoires qu'en manipulation. C'est le domaine des tours de foulards, des boules volantes, des cubes, des ballons, de la production d'animaux dans des boîtes, des anneaux chinois, des cordes et des liquides. Les Français Jean Merlin, Freddy Fah ou Jacques Delord furent d'excellents magiciens de magie générale. Ce fut la catégorie où l'on dénombrait, à une époque encore récente, le plus grand nombre d'amateurs, jusqu'à ce qu'elle soit supplantée par la mode du *close-up*.

Il s'agit en tout cas d'un mode d'expression agréable pour celui qui veut soit monter sur scène soit divertir un public de « salon ».

Les grandes illusions

On désigne par là les numéros qui font appel à un matériel volumineux afin d'être visibles dans des grands théâtres. Les premières grandes illusions furent, encore une fois, l'œuvre de Robert-Houdin : ce furent la « Suspension étheréenne » et la « Disparition d'un enfant sous un gobelet ». Puis vinrent les illusions de Buatier de Kolta dont le fameux « Dé grossissant », l'« Homme coupé en deux » de P.T. Selbit, puis la « Femme sciée à la scie circulaire » de Goldin, et enfin la « Femme zig-zag » de Harbin. La disparition d'un éléphant par Houdini ou celle d'une voiture par Kalanag sont les prototypes même de grandes illusions.

Les caractéristiques d'un numéro dit de « grande illusion » sont les suivantes :

5. Les différentes catégories de numéros d'illusion

- un matériel volumineux ;
- la présence d'assistants pour aider le magicien à sa réalisation ;
- un numéro exécutable dans un théâtre ;
- un défi au raisonnement du spectateur ;
- une mise en scène impressionnante.

Si la dimension du matériel nécessaire au numéro est trop énorme pour qu'il soit présenté sur une scène, il ne s'agit plus de « grandes illusions » mais soit d'attractions de foires, comme la conduite d'une voiture les yeux bandés, soit d'effets spéciaux réalisés pour la télévision, comme la disparition de la statue de la Liberté ou la lévitation d'un immeuble. Ce genre ne présente d'ailleurs plus grand intérêt aujourd'hui, tant le cinéma est capable de nous étonner davantage.

> *L'aspect « défi » est important. Un effet purement visuel et sans mystère n'est pas une « grande illusion ». La disparition d'une femme assise sur une chaise de Buatier de Kolta est une grande illusion. De même que les apparitions ou disparitions de fauves de Siegfried et Roy.*

Cette catégorie de numéros est, pour des raisons de coûts évidentes, réservée aux professionnels, qui récupéreront leurs investissements sur la durée d'exploitation des numéros. Le plus grand magicien pour la qualité de sa présentation des numéros de grandes illusions est aujourd'hui l'Américain David Copperfield qui a repris, en l'actualisant, l'esprit des shows présentés aux États-Unis avant la Seconde Guerre mondiale.

La magie comique

Le rire étant le propre de l'homme, il était normal que les illusionnistes mettent de l'humour dans leur présentation. Mais certains sont allés plus loin en construisant des numéros d'illusions entièrement burlesques. Le

Les grands secrets du monde de l'illusionnisme

principe est pratiquement toujours le thème du « magicien qui rate ses tours ». Le premier à l'avoir développé avec génie n'est pas Robert-Houdin (pour une fois) mais le français Mac Ronay dans les années 1950. Voici comment. Mac Ronay était un comédien de « second plan », assurant des petits rôles dans des films à petit budget. Il est notamment un « second couteau » dans les *Tontons flingueurs* de Georges Lautner. Sa caractéristique était de cultiver un personnage bourré de tics, à la manière d'un Vincent Lindon. Pour arrondir des fins de mois parfois difficiles, Mac Ronay était employé au Moulin Rouge, célèbre music-hall parisien, où il était chargé d'ouvrir et de fermer le rideau. Ce music-hall employait un magicien qui faisait tous les soirs un numéro en « taps », c'est-à-dire devant le rideau, pendant que les techniciens préparaient le tableau suivant. Un jour, le magicien tomba malade. Le directeur de la salle lui chercha un remplaçant pour le soir mais ne trouva personne de disponible. Il fallait pourtant quelqu'un pour « meubler » cinq minutes de spectacle. Le directeur somma alors Mac Ronay — au prétexte qu'ayant vu le numéro tous les soirs depuis plusieurs mois, il savait forcément comment cela fonctionnait — de mettre ses talents de comédien à contribution et de s'entraîner avec le matériel du magicien resté en coulisses pour présenter le numéro le soir même. Un tel exploit est quasi impossible mais Mac Ronay accepta pour éviter d'être mis à la porte. Le soir venu, Mac Ronay entra sur scène et rata bien sûr tous les tours. Comme il devait quand même tenir cinq minutes, il justifia ses maladresses par sa composition du personnage bourré de tics qui tente de garder son calme. La salle était en délire. Le public pleurait de rire. Jamais encore un magicien entré sur scène ne s'était montré si ridicule. C'est du haut burlesque. Le directeur du Moulin Rouge renvoya le magicien malade et conserva Mac Ronay, qui devint ainsi, en quelque sorte par accident, une immense vedette.

Il donna l'envie à plusieurs artistes de par le monde de suivre cette voie, Johnny Lonn, Otto Wessely, Gaetan Bloom, Ali Bongo ou encore l'Espagnol José Garcimore. Ce dernier, devenu sans doute l'un des plus célèbres artistes des années 1970, n'était lui non plus absolument pas magicien au

5. Les différentes catégories de numéros d'illusion

début de sa carrière. Il était un comique espagnol qui se faisait passer pour un magicien, ayant revêtu un costume à paillettes, et qui racontait des blagues sur sa mère en tenant une cage à oiseau qu'il prétendait pouvoir faire disparaître. Elle ne disparaissait pas mais cela lui donnait le prétexte pour raconter ses sketches. Ayant été remarqué pour sa drôlerie dans un cabaret par le producteur de télévision Bernard Golet, il fut invité à faire son numéro avec l'animatrice Denise Fabre. Celle-ci rit tellement de bon cœur aux plaisanteries de José qu'on le pria de revenir la semaine suivante. Il accepta mais n'avait plus de sketches. Il décida de prolonger son rôle de magicien et acheta quelques tours dans un magasin spécialisé. Il les rata tous devant les caméras de télévision tandis que Denise Fabre hurlait de rire chaque fois qu'il répétait « Che pas grave, che pas grave » avec l'accent espagnol. Il fit un tabac auprès des téléspectateurs et conserva toute sa vie ce personnage sympathique du magicien maladroit.

De nos jours, les Américains Penn et Teller forment le nouveau couple de magiciens comiques dans un esprit très Laurel et Hardy.

La magie comique est à la fois très simple car elle ne requiert pas ou peu de technicité manuelle. Elle demande en revanche un réel talent d'acteur et un sens souvent inné du burlesque et de l'absurde. Si vous sentez en vous cette nature, lancez-vous dans cette branche car la concurrence y est encore quasiment inexistante.

L'escapologie

L'art de s'évader de tout et de partout n'a eu qu'un maître et très peu de disciples : ce fut Harry Houdini. Il fut l'inventeur des principales techniques permettant de se libérer de toutes sortes de liens : cordes, chaînes, menottes, camisoles, entraves. Il trouva également le moyen de s'échapper de cellules de prisons, de coffres-forts, de malles jetées dans des rivières ou de cuves pleines d'eau.

Les grands secrets du monde de l'illusionnisme

Des illusionnistes ont repris certains de ses numéros quelques années après sa mort mais sans jamais atteindre le degré d'impact de leur créateur. La raison en est très certainement que Houdini avait réussi à faire croire au public qu'il détenait un réel pouvoir et non pas une technique particulière. Il faut, pour égaler le succès de Houdini dans ce domaine, parvenir à appliquer la même recette. Ce que fit d'ailleurs en son temps le magicien israélien Uri Geller avec son prétendu pouvoir de tordre les petites cuillères par la pensée.

Les méthodes de Harry Houdini pour se libérer de menottes ou de chaînes ont été décrites dans quelques ouvrages et revues spécialisées mais elles sont assez difficiles à trouver de nos jours, et les prisons et les menottes d'aujourd'hui n'ont plus grand-chose à voir avec celles de son époque.

Les évadés perpétuels ne fascinent plus le public du XXIe siècle. David Copperfield l'a lui même réalisé lors qu'il a vu à quel point sa libération d'une camisole de force au-dessus de pointes enflammées avait laissé le public relativement froid. Le dernier grand escapologiste du XXe siècle fut certainement l'Anglais Alan-Alan, qui finit sa carrière comme marchand de trucs à Londres.

Le pickpocketisme

Depuis le film de Robert Bresson *Pickpocket* de 1959, le public est fasciné par l'art de savoir enlever les montres et dérober les portefeuilles en même temps qu'il en a peur, tant le film laisse à penser que cela est facile. Dans le film, c'était le pickpocket tunisien Kassagi qui assurait l'exécution des « vols ».

Il s'agit d'une discipline cousine de l'illusionnisme, mais au lien de parenté assez éloigné. On les assimile souvent, car le spectateur a l'impression que l'illusionniste possède une telle dextérité qu'il peut faire ce qu'il veut de ses mains. Ce n'est pas exactement vrai. Certains illusion-

5. Les différentes catégories de numéros d'illusion

nistes peuvent être de bons pickpockets mais ce n'est pas obligatoire. La même confusion existe, nous le verrons, pour la manipulation de cartes en *close-up* et la tricherie aux cartes. C'est toujours de la musique mais pas le même instrument. L'art du pickpocketisme requiert une formation spéciale et un entraînement très pointu, car la matière première est le spectateur lui-même. Il faut s'entraîner sur des mannequins ou des proches pour parvenir à une maîtrise parfaite des mouvements nécessaires pour « voler » les objets. Plusieurs ouvrages existent sur le sujet, dont la référence en la matière est celui de l'artiste suisse Eddie Joseph paru en 1954 sous le titre *Pickpocket au music-hall*.

De nombreux artistes ont excellé dans cette branche particulière où il faut faire preuve d'un certain doigté à la fois au sens manuel et au sens psychologique, afin de ne pas froisser la personne qui se fait dérober sa montre. Le plus grand fut certainement le Yougoslave Borra, qui pouvait se vanter d'avoir dévalisé Scotland Yard, Interpol et le FBI au cours de ses démonstrations. Fred Clifton, Dody Willtohn, Kassagi ou Joe Waldys furent également de grands noms. Aujourd'hui, Gérard Majax présente toujours un numéro de pickpocketisme humoristique avec grand succès.

Peut-être serait-il intéressant de créer un numéro de pickpocketisme burlesque avec un personnage inspiré de celui de Mac Ronay ?

L'ombromanie

Les ombres chinoises ne sont pas réellement de l'illusion mais présentent également le point commun de demander une agilité particulière et une ingéniosité pour trouver les astuces permettant de créer, sur un écran blanc, divers personnages et animaux. Primo Grotti en fut un grand spécialiste et, aujourd'hui, le transformiste Arturo Brachetti est également un excellent ombromane.

Les grands secrets du monde de l'illusionnisme

Quelques chapitres consacrés à ce dérivatif sont éparpillés çà et là dans différents ouvrages sur l'illusionnisme, mais la plupart des ombromanes ont toujours mis au point eux-mêmes leur méthode personnelle.

La ventriloquie

Les premiers ventriloques commencent à se produire dans les music-halls vers la fin du XIXe siècle. C'est vers 1930 que la première vedette, Charly Mac Carthy, fut connue aux États-Unis en passant à la radio !

Il n'existe aucune formation particulière pour devenir ventriloque. Il faut s'entraîner à parler d'une voix forte sans remuer les lèvres. L'exercice le plus connu est la lecture d'un livre à haute voix en tenant un crayon entre les dents. C'est aussi un entraînement de comédien pour apprendre à placer sa voix. La formation en matière de diction des grands comédiens leur permet souvent de devenir ventriloques car le placement de la voix oblige à travailler la prononciation sur le souffle, base du travail des ventriloques.

Les plus célèbres d'entre eux furent l'Allemand Georges Schlick, qui faisait parler deux spectateurs en leur demandant d'ouvrir la bouche chaque fois qu'il leur pressait la main, et le Suisse Fred Roby qui pouvait jouer de l'harmonica, boire un verre et souffler des bougies en continuant de faire chanter sa poupée. Aujourd'hui, le fils du producteur de cinéma Georges Lucas est l'un des plus fameux ventriloques et travaille régulièrement dans les grands casinos de Las Vegas.

5. Les différentes catégories de numéros d'illusion

Le *close-up*

Le *close-up*, ou « gros plan », est le mode d'expression le plus récent dans l'évolution de l'illusionnisme. Il tire son nom du monde du cinéma et de la télévision, alors que c'est curieusement le développement de ces deux genres de divertissements qui en est, indirectement, à l'origine. En effet, jusqu'en 1940 aux États-Unis, les spectacles d'illusions étaient parmi les plus prisés et se déroulaient généralement dans des grandes salles de spectacle capables d'accueillir les troupes des grands magiciens d'alors : Blackstone, Kalanag, Dante, Thurston...

À partir de cette période, le cinéma et la télévision vont commencer leur développement. Cela va entraîner naturellement une disparition progressive des salles de spectacles au profit de salles de cinéma dans lesquelles il est demandé aux artistes de faire un numéro court avant la projection. C'est l'apogée des numéros de manipulations.

Les illusionnistes de grandes illusions sont alors conviés à présenter leurs spectacles dans les premiers clubs, qui deviendront par la suite des nightclubs, où le public dîne autour d'une piste de danse. Ces salles ne disposent pas des infrastructures des grands théâtres – trappes, cintres et rideaux – et le public est suffisamment près de l'artiste pour remarquer le côté factice de certains accessoires. Dans de telles conditions, la plupart des illusionnistes doivent renoncer à pratiquer leur art. Ce qui aurait pu entraîner à terme un désintérêt pour le genre, si un jeune canadien du nom de Dai Vernon n'avait proposé un postulat nouveau : s'il n'est plus possible de truquer le matériel car le public, trop proche, peut aisément s'en rendre compte, alors ne truquons plus le matériel, truquons uniquement son raisonnement. Et ce, par la psychologie.

> Près d'un siècle après Robert-Houdin, l'illusionnisme connaît une seconde révolution tant sur le fond que dans la forme. Au fond, c'est l'apport de la psychologie appliquée. Dans la forme, ce sera le close-up et sa configura-

Les grands secrets du monde de l'illusionnisme

> tion particulière, consistant en un spectacle intime au profit d'un public restreint. D'où le terme anglais signifiant « gros plan », car les numéros présentés sont vus d'extrêmement près.

Le *close-up* par excellence consiste en un spectacle d'environ soixante-quinze minutes, joué par un artiste en solo, assis à une table autour de laquelle les spectateurs sont placés en arc de cercle. Les numéros d'illusion sont effectués sur un tapis de jeu, en parlant, sous forme de sketchs, avec des objets simples tels que balles, cartes, verres ou pièces de monnaie. Les tours font participer le public et plus particulièrement quelques spectateurs, qui sont invités à choisir une carte, prendre une pièce ou signer un billet.

Ce mode d'expression est aujourd'hui le plus pratiqué par les amateurs du monde entier car, ainsi que nous le disions plus haut, l'investissement initial n'est pas très élevé. Cependant, il ne faut pas ignorer qu'hormis pour quelques tours simples tombés dans le domaine courant, la compréhension des techniques manipulatoires et leur maîtrise, qui doivent être parfaites, exigent une énorme dose de travail et de patience. À peu près autant, si ce n'est plus, que pour la maîtrise d'un instrument de musique. On constate d'ailleurs que les amateurs sont davantage intéressés par la connaissance pure et simple des méthodes et des techniques utilisées en *close-up*, que par leur maîtrise et leur exécution. Les *aficionados* passent aujourd'hui plus de temps à discuter sur Internet de l'intérêt de telle ou telle technique, qu'à s'évertuer à la maîtriser. Ils sont informés mais ne « savent » pas. Car, comme disait Albert Einstein, « la connaissance c'est l'expérience, tout le reste est de l'information ».

La « Mecque » du *close-up* fut créée en 1963 par deux Allemands, Bill et Milt Larsen, installés à Hollywood dans une ancienne demeure vouée à l'origine à la prostitution et qui, après quelques travaux, fut baptisée le Magic Castle. Ce château magique fut le centre de recherche et de développement de tout ce qui touchait à la manipulation des cartes, boules et

5. Les différentes catégories de numéros d'illusion

autres accessoires utiles à l'illusionnisme. Le pilier en fut Dai Vernon, qui sauva souvent l'affaire de la faillite, mais rapidement les plus grands noms de la spécialité s'installèrent à demeure : Albert Ghosman, Edward Marlo, Tony Slydini, Derek Dingle et quelques autres.

Ces « pères fondateurs » établirent les règles de ce nouveau mode d'expression et les principes généraux de la psychologie relationnelle appliquée au spectacle de proximité. Ils offrirent ainsi aux membres privilégiés de cet honorable club privé, des soirées restées inoubliables dans les annales d'Hollywood et de la magie. L'endroit était alors fréquenté par les grandes stars du cinéma américain. Malheureusement le niveau artistique et technique des sociétaires actuels est tombé si bas que l'on a peine à croire qu'il puisse s'agir du lieu où Dai Vernon a laissé son empreinte.

Les *close-up men* européens sont probablement aujourd'hui parmi les meilleurs. Si l'on exclut l'américain Ricky Jay, artiste mythique s'il en est, pour avoir obtenu, pour son spectacle joué à Broadway pendant plusieurs mois à guichets fermés et intitulé *Ricky Jay et ses cinquante-deux amies* et mis en scène par le réalisateur de films David Mamet, le plus long article jamais paru dans le *New Yorker* au sujet d'un spectacle : quatorze pages dithyrambiques ! Hormis ce personnage hors normes qu'il est impératif d'aller voir en spectacle si vous en avez la possibilité, les artistes européens n'ont plus rien à envier aux grands *close-up men* américains, pour la plupart tous disparus.

Alex Emsley ou Brother Hamman furent des *close-up men* de génie et ont inventé des techniques utilisées par tous les cartomanes du monde entier. L'avocat international espagnol Arturo di Ascanio, disparu lui aussi, fut également un grand précurseur du *close-up*, inventeur de tours et de techniques qui ont fait date, et a laissé des ouvrages de référence en matière de réflexion psychologique relative aux tours de cartes. Le magicien français originaire d'Algérie Belkaïr Djenane, dit « Bebel », est très certainement aujourd'hui le plus grand expert en matière de manipulations de cartes effectuées en *close-up*.

Les grands secrets du monde de l'illusionnisme

Ce qui caractérise ces grands artistes et fait d'eux des personnages hors du commun, c'est la classe immanente que dégage leur personnalité dans l'exécution de leurs tours. Qu'ils pratiquent dans le cadre d'un salon élégant ou à minuit au bord d'un trottoir. C'est ce « petit plus » qui fait que tout spectateur qui les observe ressent inconsciemment du plaisir et aimerait pouvoir acquérir leur style. Ils ont souvent donné l'envie à certains d'en faire autant, qui, en achetant tout le matériel possible et imaginable, en s'offrant une salle de spectacle adéquate, en s'inspirant des textes des meilleurs artistes comiques ayant jamais existé et en s'exerçant des milliers d'heures sans être rémunérés, n'ont jamais obtenu le vingtième de la classe que ces grands artistes transmettent à leur public dans l'exécution d'un simple tour de cartes. Ce « petit supplément d'âme », qui malheureusement ne s'achète pas — il n'y a pas d'égalité en matière artistique —, fait que l'on devient un artiste recherché ou que l'on reste un bon animateur pour les enfants de son quartier.

Nous pouvons citer encore le français Bernard Bilis, probablement le plus diffusé dans des émissions de télévisions, et classé parmi les quarante meilleurs cartomanes du monde dans la liste établie dans les années 1980 par Dai Vernon en personne. Le Belge d'origine espagnole Carlos Vaquera, le Français David Stone, le Suisse Sergio Gobi, l'Allemand Romaric sont des références en la matière, que leur style et leur originalité ont souvent mis en avant dans les médias.

Par un abus de langage, on assimile souvent le *table hopping*, le fait d'aller de table en table, avec le *close-up*. Comme vous le savez à présent, l'une des deux activités dérive de l'autre, mais elles n'ont que peu de rapports. Un bon amateur peut faire rapidement du *table hopping*, avec trois tours faciles achetés chez un marchand de farces et attrapes. Il lui sera beaucoup plus difficile de construire et d'élaborer un spectacle de *close-up*. Certains artistes pensent parfois toucher au sublime par un spectacle de *close-up* qu'ils espèrent abouti, alors qu'il n'y a souvent en réalité qu'une représentation confuse, grotesque et gonflée de prétention, dont le succès d'estime est encouragé par des relations partisanes et complaisan-

5. Les différentes catégories de numéros d'illusion

tes. Il faut avoir vu une fois dans sa vie quelques professionnels sérieux de cette spécialité, tel que l'était l'artiste français d'origine polonaise, Éric Przybysz, pour pouvoir apprécier la différence.

Les vrais spectacles de *close-up* sont encore rares de nos jours, car peu de salles peuvent accueillir ce style de travail qui ne correspond ni à du café-théâtre ni à du théâtre ni à du cabaret. La télévision n'en montre pratiquement pas, si l'on exclut quelques démonstrations dans des émissions de variétés où les artistes sont surtout présents pour servir de faire-valoir à des vedettes éphémères. Nul doute pourtant que d'ici quelques années, des chaînes spécialisées diffuseront des spectacles complets pour les amateurs de plus en plus nombreux et pour les connaisseurs.

Le mentalisme

Dérivé des présentations de transmission de pensées, et inspiré par la double vue de Robert-Houdin (toujours lui) ou Myr et Myroska, le mentalisme consiste à exploiter le plus possible le cinquième principe de création, les divinations. Bien qu'il s'agisse d'une spécialité à part entière, la plupart des techniques utilisées proviennent de l'illusionnisme classique. Il faut savoir faire un change, quelques sauts de coupe, connaître les techniques de forçage psychologique, avoir des notions d'équivoque, savoir pratiquer le *pumping*, le *fishing* et autres techniques de *cold reading*.

C'est le domaine de l'illusionnisme qui fait sans doute le plus appel à la psychologie et l'on ne peut espérer devenir un excellent mentaliste sans étudier sérieusement cette science humaine. Toutefois, il est important de préciser que la psychologie appliquée ici n'a rien à voir avec la psychologie étudiée dans les universités ni avec les techniques de vente commerciale de type PNL ou autres. Il s'agit ici de techniques spécifiques de persuasion particulièrement adaptées à cette activité.

Les grands secrets du monde de l'illusionnisme

L'intérêt de cette psychologie spéciale est double :

▶ elle permet de convaincre de la réalité d'un phénomène purement illusoire ;

▶ elle éloigne le raisonnement du spectateur de la véritable solution, en ne lui permettant pas de remonter le processus à l'origine du résultat.

Le mentalisme pratiqué et développé depuis quelques années par les Anglo-Saxons, les premiers ayant été Ted Annemann et Alex Corinda, est à la pointe des méthodes de persuasion psychologiques. Pour ces différentes raisons, ce n'est pas la discipline la plus facile à pratiquer pour les débutants, en particulier les enfants, car la dose de psychologie requise est véritablement très élevée.

Pour les spectateurs profanes, c'est-à-dire encore ignorants des méthodes sous-jacentes, le mentalisme n'offre aucune possibilité de compréhension. Le fait que les spectateurs soient au niveau zéro de la compréhension incite souvent les amateurs et les débutant à vouloir essayer d'en faire immédiatement. Les déconvenues sont nombreuses, car le public ne pardonne en la matière aucune approximation.

Les inventions

L'invention et la mise au point de certains procédés peuvent prendre parfois plusieurs années avant d'atteindre le résultat souhaité. Aussi, les créateurs de numéros d'illusionnisme constituent l'aristocratie de cette belle profession. Surtout lorsqu'ils sont à la fois concepteurs et réalisateurs comme le sont aujourd'hui John Gaughan, Chris Kenner ou Jim Steinmeyer. La confrérie mondiale des illusionnistes récompense d'ailleurs tous les trois ans dans une capitale mondiale les meilleurs d'entre eux, qui viennent soumettre à un jury d'experts leurs dernières trouvailles. Le grand prix d'invention, en particulier dans la catégorie des grandes illusions, est une des plus hautes distinctions qu'il est possible de recevoir des mains des meilleurs connaisseurs.

5. Les différentes catégories de numéros d'illusion

Les créateurs sont ceux qui inventent un concept quasiment nouveau, comme le firent en leur temps Buatier de Kolta et notamment son fameux « Dé grossissant », P.T. Selbit et son « Homme coupé en deux », Harry Blackstone et son « Mouchoir dansant » et, plus près de nous, Siegfried et Roy et leurs apparitions de fauves.

On ne peut considérer comme des créateurs ceux qui ne font que trouver des variantes, des améliorations — souvent de pure forme — ou qui pensent qu'utiliser l'annulaire plutôt que l'auriculaire pour la tenue d'un paquet de cartes représente un progrès considérable et une invention qui mérite la postérité.

Dans le domaine des manipulations et du *close-up*, l'essentiel a été découvert au cours du XIXe siècle à partir du travail de l'Autrichien Johann Hofsinzer, père de la cartomagie moderne, et développé au XXe par les grands maîtres du *close-up* que nous avons déjà cités. Ils furent beaucoup plus des découvreurs de techniques que des inventeurs de tours proprement dits.

L'invention des comptages et des faux comptages, des tenues du jeu, des levées doubles simples ou triples, des *breaks*, des *tilts* ou des *ulfus moves* ont permis de créer des effets tout à fait stupéfiants et inconcevables dans leur compréhension par des non-initiés.

Et l'on peut découvrir des nouvelles techniques dans des domaines où il semble que tout a déjà été trouvé. Le pharmacien français Francis Tabary est aujourd'hui le plus grand inventeur de tours et de techniques avec des cordes qu'il puisse être donné de rencontrer. Il fut premier prix de manipulation au concours de la Fédération internationale des sociétés magiques en 1991. Le producteur de films français Christian Fechner a remporté en 1979, à Bruxelles, le premier prix mondial de Grandes Illusions et le premier prix mondial d'Inventions. Un siècle et demi après Robert-Houdin, au sujet duquel il a par ailleurs écrit la plus belle biographie jamais éditée, il s'est mis le premier en auto-lévitation totale, en position assise à partir d'un tabouret, sans aucun support et en pleine lumière. Cette lévitation étant réalisable avec un public tout autour. Il fit également disparaître un poste de télévision allumé en le jetant en l'air et le fit réapparaître sur une table roulante poussée par un squelette.

Les grands secrets du monde de l'illusionnisme

Les inventeurs de numéros d'illusions sont d'abord et avant tout des gens excessivement cultivés en matière d'illusionnisme, tant sur l'histoire que sur les secrets, et qui possèdent parallèlement de solides connaissances en différents domaines allant de l'électricité à la chimie en passant par l'informatique, le magnétisme, la lumière, le son, les matériaux et la fabrication de toutes sortes d'objets. Ce n'est le plus souvent que par la combinaison de différentes techniques et matériaux, et en ajoutant une solide dose d'imagination, qu'ils parviennent à réaliser des effets proprement stupéfiants. Et l'imagination est sans limites. L'Américain Steeve Fearson est parvenu à concevoir pour les shows de David Copperfield un homme coupé en deux par un faisceau laser, sans boîte ni accessoire. Le buste glisse au niveau de la taille le long des jambes qui marchent avec le corps agrippé à elles. Tout est possible, au moins en illusion, avec un peu d'imagination.

Chapitre 6
Les tours mythiques de l'illusionnisme

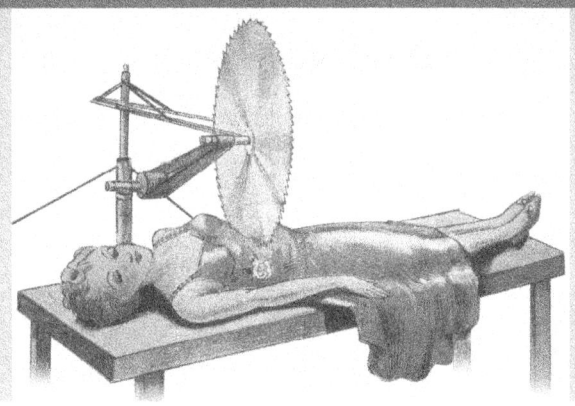

Comme vous l'avez certainement remarqué en parcourant cet ouvrage, certains numéros d'illusions font aujourd'hui partie du répertoire classique de la plupart des spectacles d'illusion. Ce sont des tours dont l'impact fut énorme sur le public et qui font toujours parler d'eux.

Tout illusionniste, s'il veut acquérir une réputation, doit inventer un tour mythique qui sera rattaché éternellement à son nom, comme la « Cage éclipsée » de Blackstone ou la « Boule zombie » de Joe Karson.

La corde hindoue

Le tour de la corde hindoue et l'un des tours les plus mythiques de l'illusionnisme et de la magie car personne n'a jamais pu prouver son existence. Certains voyageurs du XIXe siècle, rentrés des Indes, racontaient qu'ils avaient vu, sur une place de village, un fakir allumer un feu et jeter une corde en l'air au milieu de la fumée, qui se dressait alors à la verticale. Un jeune hindou grimpait à la corde et, arrivé en haut, disparaissait. Le fakir montait alors à son tour, un couteau entre les dents. On entendait alors une lutte et les membres sanguinolents du jeune homme tombaient sur le sol. Le fakir redescendait, mettait les membres dans un panier, prononçait quelques paroles cabalistiques, et le jeune assassiné en ressortait vivant et en bonne santé.

Toutes les descriptions relatées par des explorateurs, des voyageurs ou des militaires anglais ressemblaient de près ou de loin à celle-ci. L'histoire semblait si incroyable qu'en 1875, Lord Lawnsdone, vice-roi des Indes, offrit une prime de 10 000 livres sterling au fakir qui pourrait en faire la

Les grands secrets du monde de l'illusionnisme

démonstration aux fêtes données en l'honneur du prince de Galles, le futur Edward VII. Mais personne ne se présenta.

Après études et enquêtes, on peut aujourd'hui affirmer que tel qu'il est relaté, le miracle de la corde hindoue n'a jamais existé, mais qu'en revanche, certains fakirs, mi-mendiants mi-bateleurs, après avoir allumé un feu et répandu une poudre pour dégager une épaisse fumée blanche au centre d'une cour, jetaient une corde dans la fumée qui s'arrimait à un filin tendu entre deux maisons et invisible de nuit et dans la fumée. Le fakir grimpait à la corde et, arrivé en haut, rejoignait la maison par le filin pour redescendre faire la quête.

Rien de bien extraordinaire en réalité. Mais les narrateurs, pour se valoriser, enjolivaient leur narration de récits de miracles. Tous les illusionnistes savent par expérience qu'entre le tour qu'ils ont réellement accompli et la description qu'en font certains témoins, en y ajoutant l'emphase qu'ils estiment nécessaire pour flatter leur ego, l'écart est si important qu'ils ne reconnaissent même plus ce qu'ils ont fait. Le miracle de la corde hindoue relève de ce processus. Son seul intérêt aura été de donner l'occasion à quelques illusionnistes fameux, comme Blackstone ou Copperfield, d'en présenter des versions truquées remarquables.

Les anneaux chinois

Qui a inventé les anneaux chinois ? Personne ne peut le dire. Il semble que leur origine remonte à la nuit de temps. On sait que l'un des premiers à les présenter en Europe fut un magicien du XVIIIe siècle nommé Philippe, qui en tirait un vif succès. Tous les magiciens experts, de Robert-Houdin à David Copperfield en passant par Dai Vernon, ont travaillé et développé des méthodes de présentation pour ce tour splendide. Rappelons-en le principe : des anneaux de métal s'attachent et se détachent les uns des autres, formant des chaînes et des figures. Les anneaux peuvent être donnés à l'examen aux spectateurs en cours de démonstration.

6. Les tours mythiques de l'illusionnisme

Le jeu de base se compose de huit anneaux de métal chromé de 25 cm de diamètre et de 7 mm d'épaisseur. Le secret repose sur l'utilisation de différents anneaux : certains sont déjà attachés par deux ou par trois, d'autres sont libres, un seul possède une ouverture. Tout le travail consiste, par des passes précises et indécelables, à échanger des anneaux libres contre des anneaux attachés sans que le public s'en rende compte.

Certains artistes ont construit des numéros avec cinq anneaux (Duraty, Slydini), d'autres avec quatre ou trois (Richard Ross). La taille des anneaux a souvent varié, Dick Zimmerman utilisant des anneaux d'un mètre de diamètre, d'autres des bagues empruntées (Dr Persi Diaconis). Le principe fut transposé à des anneaux de corde ou à des foulards noués en cercle, car l'effet du passage de la matière à travers la matière reste et restera toujours un classique de l'illusionnisme.

Le lapin dans le chapeau

Il est difficile de trouver un tour plus emblématique et mythique que le fameux « coup du lapin dans le chapeau ». Emblématique car l'image a servi pendant des décennies à illustrer cette profession. Mythique car peu sont ceux qui l'ont réellement vu réalisé.

Nous l'avons dit, l'idée remonte au Moyen Âge, à l'époque où un lapin constituait un festin de roi pour la plupart des gens. Maître Gonin semble l'avoir porté à son apogée. Le tour devint réputé mais fut par la suite très peu pratiqué.

Le principe original en était très simple. Empruntant un haut-de-forme à un spectateur, le magicien faisait quelques passes sur l'ouverture et, après un instant, en tirait un lapin vivant. Le secret reposait sur le fait que le lapin était maintenu dans un sac noir accroché dans les basques de l'habit du physicien. En parlant et en bonimentant, l'artiste sortait rapidement le sac et le plaçait dans le chapeau. Le reste n'était plus que comédie.

Les grands secrets du monde de l'illusionnisme

Différentes autres techniques ont par la suite été utilisées. Le sac, muni d'un crochet, était supporté par une tablette derrière la table. En reculant le chapeau, son rebord se glissait sous le crochet. Puis le sac basculait dans le chapeau lorsque le magicien le retournait ouverture vers le haut. Certains utilisaient un chapeau muni d'un double fond dissimulant le lapin, etc.

Le principe ayant été trouvé, les illusionnistes firent apparaître beaucoup d'objets variés dans les chapeaux des magiciens : des omelettes, des cakes, des oiseaux, des boulets ou des foulards. Mais aujourd'hui personne ne porte plus de chapeau dans la vie de tous les jours et il convient de réinventer de nouvelles idées, aussi marquantes pour l'esprit du public que le célèbre lapin sorti du chapeau.

La femme sciée en deux

Les origines du numéro de la femme sciée en deux remonteraient selon certains historiens en Turquie où un magicien de la cour du sultan Soliman le Magnifique aurait, au XVIe siècle, pratiqué le tour suivant : ayant enfermé sa femme dans une caisse, il aurait scié la caisse en deux, d'où seraient sorties deux petites filles identiques et ressemblant à sa femme. L'idée est probablement venue à l'esprit de ce magicien lorsqu'il a eu deux jumelles avec sa femme.

Bien entendu, les moyens de communication n'étant pas ceux d'aujourd'hui, la description fut déformée et l'on raconta qu'en Asie mineure, un magicien avait scié une femme en deux. En omettant de décrire la suite. L'histoire voyagea dans le temps et l'espace jusque dans les cercles des illusionnistes du début du XXe siècle où Percy Thomas Tibbles, dit « Selbit », se dit qu'il était de temps de réaliser l'effet. Il réalisa d'abord l'« Homme scié en deux », qui connut un énorme succès. Mais on ne voyait ni la tête ni les pieds sortir de la boîte. Puis « La femme sans milieu », que David Copperfield remettra au goût du jour soixante-dix ans

6. Les tours mythiques de l'illusionnisme

plus tard. Puis Horace Godin mit au point sa « Femme sciée en deux » dont on voyait les pieds sortir d'un côté et la tête de l'autre. Ce fut la version qui fut la plus imitée. Il améliora la présentation en exécutant le tour sans boîte et avec une scie circulaire, le sang jaillissant du corps. Cette version sera reprise des années plus tard par Aldo Ricciardi Jr.

Dans les années 1960, Robert Harbin mit au point sa célèbre femme Zig-Zag dans lequel une femme est enfermée verticalement dans une armoire dont le centre est coupé et déplacé sur le côté alors que les pieds et la tête sont toujours visibles.

En 1970, Chuck Jones mit au point la *mismade girl*, numéro dans lequel la partenaire du magicien entre dans une armoire que l'on coupe en quatre cubes qui sont mélangés. On reconstitue l'armoire dans le désordre et, lorsqu'on ouvre les cubes, les parties du corps sont également mélangées, la tête sous le buste et les pieds au-dessus. Au final, la partenaire ressort indemne.

David Copperfield modernisa tout ce qui existait avant lui. Dans sa version de la *mismade girl*, les pieds coupés marchent avec la tête de la femme posée dessus. Il se coupe lui-même en deux à la scie circulaire sans boîte et en séparant nettement les deux parties, ses jambes remuant devant sa tête.

Aujourd'hui, dans la méthode mise au point par l'américain Steeve Fearson, il se coupe debout en deux avec un rayon laser et son buste coupé glisse le long de ses jambes qui se mettent en marche.

Les grands secrets du monde de l'illusionnisme

Le dé grossissant

Voici la description d'un des tours les plus mythique du monde de l'illusionnisme, et qui restera dans la légende des tours dont le secret ne fut jamais dévoilé. Il s'agit du très célèbre « Dé grossissant » de Buatier de Kolta, tour qui fut, semble-t-il, détruit à la mort de Buatier par sa femme, ainsi que tout son matériel, en respect de ces dernières volontés.

Voici ce que les rares spectateurs qui ont pu assister à une démonstration aux alentours de 1887 ont rapporté. Buatier entrait sur la scène, où se trouvait une table basse, en tenant une valise à la main. Il déclarait alors au public que sa femme se trouvait à l'intérieur et qu'il allait leur présenter. Il ouvrait alors la valise et en sortait un dé noir avec des points blancs d'une quinzaine de centimètres de côté. Il posait alors le dé sur la table, donnait un coup de baguette magique dessus, et le dé se mettait à grossir pour atteindre un mètre de côté. On soulevait alors le dé, qui révélait madame Buatier, assise en tailleur sur la table.

La difficulté de compréhension vient pour les experts non pas de l'apparition de la femme sur la table, qui ne pose pas un réel problème, mais bien plutôt des points blancs du dé qui grossissaient proportionnellement à la taille du dé. Surtout compte tenu des limites technologiques de l'époque de Buatier. On croit savoir qu'en fait ce fameux dé aurait été conservé en bon état par un illusionniste anglais du nom de Goldston, et que le magicien américain David Copperfield s'en serait rendu acquéreur. Peut-être aurons-nous un jour le bonheur de voir cette fantastique illusion ?

La boule volante

La boule volante fait partie du répertoire classique de l'illusionnisme. On distingue cependant deux procédés distincts pour parvenir au même résultat, selon leurs inventeurs : la boule Okito et la boule Zombie.

6. Les tours mythiques de l'illusionnisme

Le premier magicien à avoir fait voler une boule d'un certain diamètre est le Hollandais Al Bamberg, plus connu sous le nom de Okito. Son précédé consistait à mettre la boule en lévitation grâce à un fil transparent tendu en travers de la scène invisible, devant un rideau scintillant, et manœuvré en coulisses par deux assistants. Le principe fut appliqué à toutes sortes d'autres objets : cravates (Fin Jonn), billets de banque ou même cage contenant un oiseau (Lance Burton).

Joe Karson, magicien américain, supprima le fil et le remplaça par une tige dont une extrémité est tenue par un doigt et l'autre est fixé à la boule. L'ensemble doit évoluer derrière un foulard. Dès lors, beaucoup d'autres objets ont ainsi été mis en lévitation jusqu'au célèbre violon volant de Norm Nielsen.

Une troisième solution, qui ne connut pas de succès, consistait en un foulard diaphane dans lequel une boule évoluait, les fils étant rendus invisible en se confondant dans les plis du foulard.

La cible humaine

Il s'agit probablement ici du tour le plus dangereux qui ait jamais été inventé par les illusionnistes. Beaucoup en sont morts. On ne sait pas qui eut le premier cette idée assez saugrenue, il faut bien en convenir, de se faire tirer dessus par un fusil et d'attraper la balle entre les dents. En tout cas, la première victime fut une femme. Une artiste du nom de Madame de Linsly à Arnstadt, en Allemagne, vers 1820.

Robert-Houdin, encore et toujours, utilisa ce numéro pour impressionner les marabouts algériens lorsqu'il participa, à sa manière, à la colonisation de l'Algérie par l'armée française. Il renforça d'ailleurs le numéro, après avoir rattrapé la balle entre ses dents, en tirant au revolver sur un mur et en faisant jaillir du sang à l'endroit de l'impact.

Les grands secrets du monde de l'illusionnisme

Le célèbre magicien pseudo-chinois Chung Ling Soo fut tué en 1918 sur la scène du Green Empire Theater de Londres en présentant l'homme invulnérable. On ne sut jamais s'il s'agissait d'un accident, d'un suicide ou d'un assassinat. John Henry Anderson a présenté ce numéro sans aucun accident pendant vingt-cinq ans. Mais peu ne furent pas blessés. Le plus impressionnant de la présentation de ce numéro fut certainement le grand Ted Annemann, qui donnait vraiment le sentiment d'avoir arrêté le temps au moment de l'impact.

Le secret repose sur un échange des balles marquées par les spectateurs au moment de les charger dans les armes. Il suffit alors de jouer la comédie et le tour est joué. Mais le danger existe tout de même puisque les fusils sont réellement chargés. De nos jours, peu d'illusionnistes présentent encore ce numéro. Les deux magiciens américains Penn et Teller le perpétuent aujourd'hui sous la forme d'un duel dans une présentation formidablement humoristique.

La double vue

Nous avons déjà eu l'occasion, concernant la transmission de pensées, de préciser que Robert-Houdin avait été le créateur du concept mais pas de sa terminologie. Voici pourquoi. Selon la légende, rentrant un soir chez lui, il aperçoit ses enfants jouant au salon. Sa fille a placé un bandeau sur les yeux de son frère et celui-ci doit deviner quel jouet elle tient dans la main : cube, balle, anneau... Le père les observe un moment et se dit qu'il serait merveilleux de réussir à deviner juste à tous les coups.

Il s'enferme alors quelques jours dans son cabinet de travail et met au point un procédé inspiré du « jeu de Kim », jeu popularisé par Rudyard Kipling dans le *Livre de la jungle*. Ce dernier étant par ailleurs un grand amateur de prestidigitation.

La première démonstration de la « double vue » a eu lieu le 18 novembre 1845 dans le théâtre des Soirées Fantastiques au Palais Royal. Plusieurs

6. Les tours mythiques de l'illusionnisme

journalistes et personnalités étaient présents. Théophile Gauthier fit un compte rendu élogieux de cette séance dans *la Presse* en décembre de cette même année. Le titre de « seconde vue » donné par Robert-Houdin à cette expérience provenait de ce qu'il affirmait, au début de sa démonstration, que son fils Émile pouvait voir ce qu'il voyait même si celui-ci avait les yeux fermés. Pour le démontrer, Robert-Houdin plaçait un bandeau sur les yeux d'Émile puis descendait dans la salle, empruntait quelques objets en demandant à son fils de les décrire. Émile décrivait les objets aussi parfaitement que s'il avait pu les voir. Précisons que, le bandeau étant totalement opaque, il ne pouvait rien voir au travers.

Un journaliste présent pensa évidemment que les personnes auxquelles Robert-Houdin empruntait les objets étaient des compères, mais il revint plusieurs séances de suite et constata qu'il s'agissait chaque fois de spectateurs différents. Il supposa alors qu'il pouvait y avoir un code verbal entre Robert-Houdin et son fils. Mais Robert-Houdin mis au point une présentation muette dans laquelle il avertissait son fils qu'il tenait un objet au simple son d'une clochette. Le journaliste, tentant de trouver une explication rationnelle, fit paraître un article dans lequel il avançait comme explication que cette expérience de divination ne devait rien à une quelconque « double vue » mais que le père et le fils devaient communiquer par la pensée !

> *Il est intéressant de constater que jamais auparavant aucun livre ou document n'évoque l'idée de communication de pensées entre deux individus. Ce concept, dont Robert-Houdin est indirectement l'initiateur, n'est qu'une idée créée par un journaliste pour tenter d'expliquer un numéro d'illusion. La chose est d'autant plus amusante lorsque l'on sait qu'un siècle plus tard, la reprise de ce numéro, présenté à la perfection par les artistes Myr et Miroska, suscitera l'envie des chercheurs militaires russes et américains, durant la « guerre froide », de parvenir à communiquer par la pensée des informations ultra-secrètes avec des sous-marins nucléaires. Sans résultats probants évidemment.*

# Les grands secrets du monde de l'illusionnisme

La malle des Indes

La malle des Indes est un tour qui connut un succès populaire énorme car il est la combinaison de plusieurs des principes fondamentaux de l'illusionnisme : disparition, transformation et escapologie. Il est l'un des rares exemples de tour à trois impossibilités.

En effet, tandis qu'un des acteurs du numéro est maintenu dans la malle, ligoté dans un sac, le second monte sur la malle s'empare d'un rideau, le lève et l'abaisse en un éclair. Il se transforme à cet instant dans le personnage qui était censé être attaché dans la malle. On ouvre la malle toujours cadenassée et le second personnage est retrouvé dans le sac fermé et menotté.

Ce fut le grand succès d'Harry Houdini, puis de Siegfried et Roy qui ajoutèrent une quatrième impossibilité en changeant de costume au cours de la transposition ultra-rapide. Beaucoup de spectateurs n'ont jamais fait attention à ce détail, qui rajoute une difficulté supplémentaire pour les artistes et qui est sans intérêt pour le public déjà sous le choc de l'effet de surprise. Pour les puristes qui feront sans doute la remarque que l'apparition du guépard était une quatrième impossibilité, il est utile de préciser que l'apparition ayant lieu après le numéro proprement dit, par un léger décalage temporel pour laisser le temps au public de revenir de sa surprise, elle n'est pas une quatrième impossibilité mais ce que l'on a pour habitude d'appeler un *climax*. Nous verrons plus loin la définition de cette notion.

La malle des Indes fut parfois exécutée avec une malle transparente ou de forme ronde, mais ces différences n'apportent rien et la version classique reste la meilleure.

Ce n'est pas un tour pour amateurs car il faut un travail considérable de coordination entre les deux partenaires pour que le rendu donne le sentiment de fluidité, de naturel et de rapidité. En utilisant la musique de la

6. Les tours mythiques de l'illusionnisme

Danse du Sabre de Katchadourian, dont le rythme s'accélère, Siegfried et Roy ont donné de l'allant à un numéro qui peut lasser s'il est montré trop lentement. Nous avons déjà insisté sur la rapidité pour le succès d'une illusion. Nous en avons ici la parfaite démonstration. Aujourd'hui, le Hollandais Hans Klock ou le duo américain Les Pendragons sont les plus rapides dans l'exécution de la malle des Indes.

Les apparitions d'oiseaux

Depuis que Channing Pollock a fait sortir la première tourterelle d'un mouchoir, on ne peut plus chiffrer combien d'oiseaux sont, grâce à lui, devenus des vedettes du music-hall. Plusieurs milliers c'est certain. À tel point que ce numéro a, dans une bonne mesure, permis d'estomper le mythique lapin dans le chapeau. Quelques artistes ont malgré tout apporté une originalité dans ce genre particulier de la manipulation : le Japonais Shimada, l'Italien Sylvan, le Français Alpha.

Le principe de ce numéro repose sur le fait que les oiseaux sont, comme le lapin, dissimulés dans différentes parties du costume du magicien, bloqués dans des harnais, et amenés rapidement dans le foulard par un système de tirage pour être libérés.

Toute la difficulté est de parvenir à un naturel qui ne permet pas au spectateur de se rendre compte à quel moment l'oiseau a été mis dans le foulard. Il faut de longs mois d'entraînement pour parvenir à une exécution passable. L'entretien et les soins à prodiguer aux oiseaux, la réalisation du costume avec les poches appropriées, les harnais pour chaque volatile et les tirages réglés au centimètre font que ce genre de numéros n'est vraiment pas l'idéal pour commencer à faire quelques tours de magie.

Pas plus d'ailleurs que le tour dont nous allons parler à présent.

Les grands secrets du monde de l'illusionnisme

La disparition d'un éléphant

Compte tenu d'un ego que l'on sait avoir été surdimensionné, et de l'obligation dans laquelle il s'est lui-même mis de faire toujours de plus en plus fort, il était normal que le créateur de cette énorme illusion ne soit personne d'autre que le grand Harry Houdini. Le plus important pour Houdini, en parvenant à présenter cette illusion, était de pouvoir mettre sur ses affiches la mention « L'homme qui fait disparaître un éléphant ».

Toute la difficulté pour créer un tel numéro n'est pas tellement de se procurer un éléphant mais de savoir où on va le cacher pour faire croire qu'il a disparu. En dehors d'un système de trappe suffisant pour soutenir un tel animal, ce que certains grands illusionnistes n'hésiteront pas à réaliser pour parvenir au résultat, il existe trois possibilités pour faire disparaître un éléphant.

La première est la plus audacieuse et fut utilisée avec succès sous des chapiteaux de cirque. Elle consiste à échanger l'animal vivant contre un animal factice démontable facilement. La mise en scène est la suivante : on présente au public un animal véritable que l'on promène sous ses yeux suffisamment pour qu'il ait le temps de prendre conscience de l'animal. Puis on attire l'attention du public vers les cintres dont on fait descendre un baldaquin. À cet instant, on échange l'animal réel contre le factice à l'intérieur duquel sont dissimulés des assistants dont les costumes sont semblables aux autres. On fait rentrer le faux éléphant dans le baldaquin dont on baisse les rideaux. Les assistants démontent la baudruche et en cachent les morceaux dans les plis de rideaux, puis se mélangent aux autres techniciens de la piste. Le baldaquin est hissé. Les rideaux tombent : l'éléphant a disparu. Il faut naturellement un éclairage soigné, une baudruche bien réalisée et une bonne synchronisation des participants, mais le principe est bon.

La seconde méthode consiste à réaliser une armoire dont les petits côtés peuvent s'ouvrir pour faire rentrer l'éléphant comme dans un couloir. On

6. Les tours mythiques de l'illusionnisme

referme les portes. Un coup de canon. Les portes sont ouvertes : plus d'éléphant ! En réalité, l'éléphant est couché dans un double fond, et il faut savoir qu'un éléphant couché s'aplatit considérablement. L'effet est obtenu parce que la boîte est conçue avec un trompe-l'œil qui, faussant la perspective, en dissimule l'épaisseur. Le principe n'est pas mauvais mais n'est pas d'une grande clarté.

Houdini utilisa la troisième méthode. Il fit construire une boîte dans laquelle le double fond était vertical. L'éléphant et Houdini entraient dans la boîte par le côté, mais l'éléphant entrait directement dans le compartiment du double fond tandis que Houdini restait devant. Deux secondes plus tard, Houdini abaissait le rideau faisant face au public : l'éléphant semblait avoir disparu ! Cela allait si vite qu'il ne laissait pas le temps au public de réaliser ce qui venait de se passer et enchaînait immédiatement un numéro en devant de rideau.

La plus belle disparition d'éléphant jamais réalisée fut sans conteste celle réglée par Siegfried et Roy pour l'un de leur spectacle à Las Vegas. L'éléphant bien réel entrait avec Roy sur son dos sur une plateforme qui était hissée à deux mètres du sol. On abaissait un rideau autour de la plateforme. Un instant après le rideau tombait : plus d'éléphant. Belle combinaison des trois méthodes expliquées plus haut. Si le cœur vous en dit...

Chapitre 7
Techniques et trucages

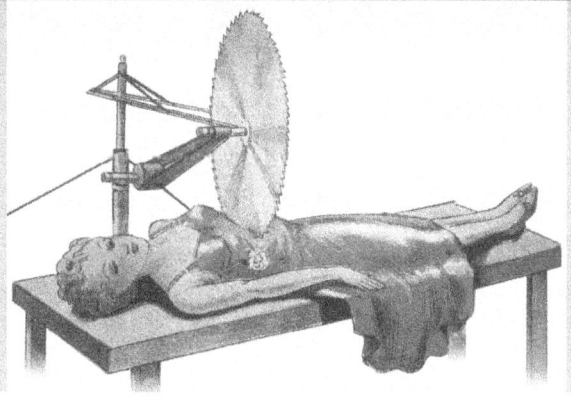

Voyons à présent les différentes techniques utilisées en prestidigitation et qui utilisent essentiellement l'habileté pour être utilisées.

Nous commencerons par la base absolue, les empalmages. La première chose qu'un illusionniste doit savoir faire est d'empalmer un objet, c'est-à-dire savoir le maintenir dans l'une ou l'autre de ses mains sans que l'on puisse soupçonner qu'il s'y trouve. Il faut distinguer les empalmages faits avec la main et ceux faits avec les doigts.

Les empalmages de la main

Cette technique s'applique aux cartes à jouer, aux boules, aux pièces de monnaies et à tous les objets ayant des dimensions similaires, jetons, cartes de crédit, bouchons, etc.

L'empalmage à plat

C'est le plus classique ; il est aussi le plus utile. L'objet est tenu dans le creux de la main, serré entre ses bords par les muscles de la paume de la main : le thénar qui va de la naissance du pouce au poignet et l'hypothénar qui va du poignet vers le petit doigt, l'auriculaire.

L'hypothénar est généralement peu musclé car peu sollicité. L'entraînement consiste à conserver l'objet entre ces deux masses musculaires sans que la main ne prenne la forme d'une patte de canard, phénomène classique chez le débutant et qui ne trompe pas le spectateur en raison de sa contraction évidente.

Les grands secrets du monde de l'illusionnisme

Dans ce type de tenue d'objet, les doigts doivent rester détendus dans la même attitude que si la main ne tenait rien. Pour parvenir à une décontraction apparente en même temps qu'une tenue sécurisante de l'objet, qui ne doit pas glisser ni tomber, il faut plusieurs mois d'entraînement quotidien. En particulier pour perdre progressivement la moiteur de la main. Bon courage !

L'empalmage oblique

La seule différence avec l'empalmage à plat est que l'objet est conservé de manière oblique dans la main pour être saisi plus facilement entre le médius et l'annulaire. Si l'objet est plus facile à saisir, il est aussi plus difficile à maintenir dans la main car la surface de contact avec les muscles est plus réduite. La mise en place de l'objet, une pièce de monnaie par exemple, se fait ainsi : tenir la pièce entre le pouce et l'index, venir pincer la base de la pièce entre le médius et l'annulaire, et plier les doigts vers la paume de la main en lâchant le pouce, tout en gardant l'index sur la pièce pour la maintenir oblique.

L'empalmage perpendiculaire

La pièce est tenue totalement perpendiculaire par rapport à la paume. La surface de contact est encore plus réduite mais ce type d'empalmage permet de maintenir une pile de pièces serrées les unes contre les autres pour une production une à une.

Serrage dans les doigts, face interne de la main

La coulée avant

L'objet repose à plat sur l'extrémité des quatre doigts allongés et joints. L'objet est pincé par ses bords entre l'index et l'auriculaire. Les deux

7. Techniques et trucages

autres doigts ne font que le soutenir. Une pièce de deux euros est l'objet idéal à tenir de cette manière par son diamètre. Plus que l'empalmage, cette technique permet de dissimuler plus facilement plusieurs pièces de monnaies.

L'italienne

L'objet est pincé à la base du pouce et de l'index. Pour amener une pièce de monnaie dans cette position, il faut la saisir entre l'index et le majeur et replier les doigts sur la face extérieure du pouce jusqu'à sa base. La pièce se retourne alors automatiquement sur elle-même et, en ramenant le pouce à l'alignement des autres doigts, elle reste coincée et dissimulée à sa base.

L'italienne est un mouvement très trompeur pour un faux dépôt de pièce ou de dé à coudre en main gauche.

Dans la fourche du pouce

C'est l'un des emplacements les plus utiles. La pièce se trouve coincée entre le pouce et la base de l'index. Pour la mettre en place, même position de départ que pour l'italienne, mais il faut écarter le pouce, replier les doigts horizontalement et serrer la pièce avec la base du pouce lorsqu'elle touche la fourche du pouce.

Plusieurs pièces peuvent être tenues empilées de cette manière et produites en faisant le mouvement inverse de la mise en place. La pièce ne peut être visible que par une vue plongeante sur la main ou une vue en contre-plongée.

Les pincements avant

La pièce de monnaie est pincée entre l'index et le majeur, ou le majeur et l'annulaire, ou l'annulaire et l'auriculaire, au niveau de la deuxième phalange. Il ne faut pas trop enfoncer la pièce pour éviter qu'elle soit visible extérieurement entre les doigts.

Serrage dans les doigts, face dorsale de la main

La coulée arrière

Même principe que la coulée avant mais l'objet est tenu derrière le majeur et l'annulaire, toujours pincé par ses bords entre l'index et l'auriculaire. En repliant les deux doigts du milieu, le majeur et l'annulaire, sous la pièce pincée entre l'index et l'auriculaire, on revient en position de coulée avant. En enchaînant les deux mouvements on réalise un *back and front palming* qui, si le poignet se retourne au bon moment, permet de dissimuler l'objet, carte ou pièce, à la vue des deux côtés de la main.

Les pincements arrière

Ils sont symétriques aux pincements avants. La pièce ou la carte est tenue pincée dans les premières phalanges des doigts, mais à l'arrière de la main, ce qui la dissimule si la main est montrée de face.

L'italienne arrière

La pièce est pincée à la base de pouce, mais au lieu que l'objet soit dissimulé vers la paume, il est dissimulé vers le dos de la main.

Pour mettre une pièce de monnaie en position d'italienne arrière, il faut partir de la position de mise en italienne avant mais, en arrivant dans la fourche du pouce, l'index exerce une pression sur la pièce qui montera au-dessus de la chair du pouce. L'index doit se recourber au maximum et pousser la tranche de la pièce vers le haut. Le pouce se colle alors à l'index qui reprend sa position allongée.

7. Techniques et trucages

En partant de l'italienne avant, il suffit que le pouce se recourbe et pousse la tranche de la pièce vers la partie dorsale de la main tandis que le pouce se relâche pour se repositionner lorsque la pièce est au bon endroit.

La levée double

C'est une technique fondamentale et relativement récente de la manipulation de cartes en *close-up*. De quoi s'agit-il ? Elle consiste à parvenir à soulever les deux cartes supérieures d'un paquet en donnant l'impression de n'en tenir qu'une, de les retourner sans qu'elles se séparent pour en faire voir la face, et de les reposer sur le paquet toujours sans les séparer. Le but de la manœuvre est de faire exactement comme si l'on montrait la face de la carte supérieure du jeu alors que l'on va montrer la face de la seconde en tenant la première parfaitement alignée derrière elle. En résumé, il faut parvenir à tenir deux cartes comme une seule sans que cela ne se remarque.

Comment réussir ? Avec de la patience, car vous ne parviendrez jamais au résultat du premier coup. Cela demande deux à trois semaines pour acquérir l'aisance et la sûreté.

Prenez un jeu de cartes en main et tenez-le bien égalisé dans votre main gauche, comme si vous vouliez distribuer les cartes. Avec le pouce de votre main droite, touchez le coin des cartes qui est le plus près de vous, on l'appellera le « coin inférieur droit ». À ce coin, soulevez légèrement le coin inférieur droit des deux cartes supérieures du jeu, et seulement de celles-là. Introduisez l'extrémité du petit doigt de votre main gauche, celle qui tient le jeu, entre ses deux cartes et le reste du jeu, pour obtenir une légère séparation entre le jeu et ces deux cartes. Enlevez votre main droite. Ceci était la phase préparatoire, avant la levée double. Il faut séparer les deux cartes que l'on veut prendre ensemble du reste du jeu. Votre main gauche tient le jeu en ayant le petit doigt coincé entre le jeu et les deux cartes supérieures. À présent, sans bouger la main gauche, votre

Les grands secrets du monde de l'illusionnisme

main droite étant paume dirigée vers le sol, introduisez votre pouce droit sous les deux cartes séparées du jeu et retirez le petit doigt gauche. Votre pouce droit glisse alors vers l'avant en restant en contact avec l'épaisseur des deux cartes. Vos doigts droits se posent alors égalisés sur le bord droit des deux cartes. Vous pincez ainsi les deux cartes entre votre pouce en dessous des cartes, et vos doigts au-dessus. À ce stade, vous n'avez pas encore soulevé les cartes au-dessus du jeu, elles sont encore en contact, sur le bord gauche, avec le reste du paquet.

Maintenant, en pivotant votre poignet droit, vous retournez votre main paume en l'air en continuant de tenir les cartes, mais sans plus bouger les doigts. Si vous ne vous êtes pas trompé, les deux cartes sont tenues l'une derrière l'autre, parfaitement égalisées, et vous voyez la face d'une carte, celle qui était au second rang avant de commencer la levée double. Lorsque votre geste aura gagné en légèreté et que vous parviendrez à maintenir parfaitement les deux cartes bien égalisées l'une sur l'autre, vous donnerez aux spectateurs l'illusion que vous avez simplement pris la carte supérieure du jeu et que vous l'avez montrée.

Si vous faites ensuite les mouvements en sens inverse pour reposer les deux cartes sur le jeu, vous pourrez alors surprendre votre public en prenant la carte supérieure du jeu, la placer n'importe où dans le paquet, égaliser le jeu, claquer des doigts et retourner la carte supérieure du jeu. La carte semblera être revenue sur le dessus du jeu. Vous connaissez ainsi la première technique de l'effet de la carte dite « ambitieuse » qui semble remonter invisiblement sur le jeu.

Il existe plusieurs méthodes de levées : les levées triples, quadruples et quintuples. Les levées doubles « flashées », comme celle qui est décrite, et les levées doubles « montrées », où la carte est laissée plus longtemps face visible sur le paquet. Chacune demande une maîtrise technique particulière.

On retrouve la même diversité en ce qui concerne les faux mélanges.

7. Techniques et trucages

Les faux mélanges

Il existe en effet une arme particulièrement efficace pour les illusionnistes et qui provient directement de l'univers des tricheurs de cartes. Ce sont les faux mélanges. Un faux mélange consiste à donner l'illusion que le jeu est mélangé normalement alors que les différents mouvements effectués ne changent absolument rien dans l'ordonnancement des cartes. Après avoir effectué un faux mélange, un jeu de cartes est dans le même ordre qu'avant le faux mélange.

Il existe différents types de faux mélanges dont nous ne donnerons ici que la liste mais sans les décrire. Ce genre de techniques fait partie de l'initiation obligatoire qui va du maître à l'élève par transmission orale.

Les premiers faux mélanges se pratiquent en tenant le jeu de cartes en main en pelant les cartes une à une ou par portions. Le mélange des cartes en tenant le jeu dans les mains est dit « mélange à la française », « mélange paysan » ou mélange « au pelage ». Dans ces conditions, les faux mélanges vont du jeu que l'on agite simplement entre les mains et qui de loin donne l'illusion d'un mélange au jeu auquel on fait subir des coupes successives dont le point de départ est repéré par une carte mise en avant du jeu (*out joug*) ou vers l'arrière du jeu (*in joug*) en passant par le pelage de quelques cartes du dessus du jeu, pelées une à une sous le jeu où on les maintient avec une séparation (*break*) du reste du jeu. Elles sont ensuite remontées sur le dessus par une double ou une triple coupe en main et pelées à nouveau une à une pour inverser leur ordre et les remettre ainsi dans l'ordre ou elles étaient au départ.

Pour les faux mélanges effectués sur table, mélanges dits « américains » car pratiqués à toutes les tables de jeu américaines, il existe environ cinquante faux mélanges possibles qui vont du célèbre *strip out* dans lequel les deux moitiés d'un jeu sont imbriquées, se traversent et sont replacées l'une sur l'autre dans le même ordre qu'au début, jusqu'à des faux mélanges partiels dans lesquels des cartes sont réellement

Les grands secrets du monde de l'illusionnisme

mélangées tandis que d'autres ne sont pas déclassées alors même que l'impression rendue donne le sentiment d'un mélange total et absolu.

Ces techniques exigent des années d'entraînement pour être parfaitement maîtrisées. Elles doivent être exécutées à la perfection, car une carte déclassée peut faire échouer tout le tour ; et avec une décontraction telle que le spectateur est non seulement dans l'incapacité de savoir si le jeu a été mélangé ou pas, mais surtout ne se pose même pas la question.

La première étape avant d'en arriver là est de savoir mélanger normalement un jeu de cartes, et cela demande aussi de l'entraînement. Il ne doit y avoir aucune différence visible entre la manière de mélanger honnêtement et celle de faire un faux mélange. Ce n'est qu'à cette condition que la « magie » peut commencer à apparaître.

Les comptages

Les « comptages » de cartes sont des inventions extrêmement récentes dans les techniques de cartes modernes. Cela désigne des manières de présenter aux spectateurs un certain nombre de cartes, des petits paquets de cartes, en les comptant apparemment une à une alors qu'en réalité la méthode de comptage permet soit d'en dissimuler soit d'en montrer plus ou moins qu'il n'y en a, soit de cumuler les deux. Les « comptages » sont des techniques de pur *close-up* inventées par les pères fondateurs de cette spécialité.

Le premier de tous est le comptage dit « Emsley », du nom de son illustre inventeur, l'Anglais Alex Emsley. Ce comptage, qu'il baptisa au départ *ghost count*, permet de montrer trois cartes comme étant quatre, l'une d'elles n'étant jamais visible, une autre montrée deux fois. Cette technique a apporté une multitude de possibilités et un renouveau dans la création. Dai Vernon créa l'un de ses plus célèbres tours, « *twisting the aces* », à partir du *ghost count* d'Alex Emsley. Et une quantité considérable d'autres tours bien entendu.

7. Techniques et trucages

À partir de là, d'autres idées de comptages sont apparues permettant d'obtenir d'autres effets : le comptage Hamman et le « double hamman », du nom de son inventeur Brother John Hamman, le comptage Jordan, l'*ascanio spread*, qui est un comptage en étalant cinq cartes pour n'en montrer que quatre. Ces différentes techniques sont utilisées aujourd'hui par les meilleurs cartomanes, mais vous ne pouvez pas ni les voir ni les reconnaître tant elles sont invisibles dans leur exécution.

Les forçages

Les forçages sont des méthodes appliquées à 90 % au choix d'une carte et dans 10 % des cas à d'autres types de choix. Cela consiste à obliger le spectateur à choisir ce que l'on veut qu'il prenne. Il y a en apparence liberté de choix alors qu'en fait le spectateur ne prend que ce que l'on veut bien qu'il choisisse.

Il existe des centaines de procédés différents et variés pour obtenir ce résultat et ce n'est pas l'objet de ce livre que d'en faire la liste exhaustive. Sachez simplement que lorsqu'un illusionniste vous propose : « Quel jeu désirez-vous, le rouge ou le bleu ? », alors même que vous pensez avoir le choix le plus libre, il parvient souvent à vous faire prendre celui qu'il désire.

La coupe d'un jeu de cartes « en croix » est certainement l'un des plus simple pour forcer la carte supérieure d'un jeu de carte que l'illusionniste a mémorisée. Voici la méthode. Ayant pris discrètement connaissance de la première carte d'un jeu, les cartes étant faces non visibles, bien entendu, le magicien demande au spectateur de couper le jeu, c'est-à-dire de soulever une portion du jeu et de la poser sur la table à côté de la portion inférieure du jeu. Puis de placer ce restant du jeu sur la portion qu'il a coupée, mais en veillant à la poser perpendiculairement par-dessus.

Les grands secrets du monde de l'illusionnisme

Les deux paquets sont donc superposés mais disposés perpendiculairement l'un au-dessus de l'autre. Celui qui constituait la partie supérieure du jeu avant la coupe est maintenant le paquet du dessous, et celui qui était le paquet inférieur est maintenant dessus.

Si l'on demande alors au spectateur de regarder discrètement, en en soulevant un coin pour voir l'index de la carte qui est la coupe, c'est-à-dire la carte supérieure du paquet inférieur, il s'agit en fait de la carte que vous connaissez. Mais la disposition « en croix » des paquets l'empêche de se souvenir parfaitement de la position initiale du jeu. Ce forçage est très facile et ne rate jamais. Essayez-le.

Les plus parfaits des forçages sont ceux où l'on présente le jeu de cartes au spectateur pour qu'il en prenne une et où on lui fait prendre exactement celle que l'on veut qu'il prenne.

Plus fort encore, on jette le jeu sur la table qui retombe éparpillé, et le spectateur prend la carte que l'on souhaite. L'explication de ce type de forçage ne peut être donnée par écrit car elle comporte des éléments psychologiques impossibles à décrire.

Sachez également que les illusionnistes et en particulier les « Mentalistes » utilisent énormément l'équivoque dans leurs formulations pour laisser le spectateur interpréter lui-même le sens de ce qui est proposé et pouvoir en profiter abusivement selon l'opportunité qui leur est présentée.

Le *lapping*

Le terme *lapping* provient du mot anglais *lap*, qui désigne la partie de cuisses horizontales lorsque l'on est en position assise. « *On my lap* » veut dire littéralement « sur mes cuisses », ce que l'on exprime en français plutôt par « sur mes genoux ». En illusionnisme, et plus spécifiquement en matière de *close-up*, le terme *lapping* désigne le fait de laisser tomber

7. Techniques et trucages

discrètement ou invisiblement un objet « sur ses genoux » en étant assis à une table.

Les différentes méthodes permettant de faire tomber invisiblement quelque chose sur ses genoux, pour « lapper » un objet pourrions-nous dire, ont été inventées par Tony Slydini, inventeur du *close-up*, spectacle qui se pratique, nous l'avons dit plus haut, assis à une table.

Pour que ce type d'actions soit parfaitement invisible, il faut qu'elles soient totalement indécelables. Pour être indécelables, il faut qu'elles ne soient pas prévisibles, et pour ne pas être prévisibles, il faut détourner à la fois l'attention et le raisonnement du spectateur. Voilà pourquoi Slydini est devenu le maître du détournement d'attention (et du raisonnement) : pour préserver ses intérêts. Car Slydini, tout au long de sa carrière, s'est beaucoup servi du *lapping*. C'était l'une de ses techniques favorites et il ne voulait pas qu'on le sache ou qu'on le devine.

Le principe en soi est assez simple : si l'on veut faire disparaître quelque chose, on le laisse tomber sur ses genoux. Soit. Mais la méthode pour rendre cela insoupçonnable demande une étude en profondeur des temps forts et des temps faibles d'attention chez le spectateur ordinaire, et de codifier les actions qui permettent de créer ces temps forts et ces temps faibles. Tout, chez Slydini, était étudié et réfléchi, même la position des pieds pendant son spectacle alors qu'on ne les voyait pas puisqu'il était assis. Il fut le premier, avec Dai Vernon, à faire de la psychologie appliquée pour l'illusionnisme.

Ce travail de titan, sa réflexion et ses numéros ont été mis en vidéo par Christian Fechner afin de garder une trace vivante, autant que faire se peut, d'un artiste et d'un créateur comme il en existe malheureusement trop peu.

Les grands secrets du monde de l'illusionnisme

Le *sleeving*

Si le *lapping* est relativement nouveau en illusionnisme, le *sleeving*, du mot anglais manche, signifie l'art d'envoyer des objets dans les manches. C'est une très ancienne technique comme le laisse penser l'expression populaire : « C'est dans la manche ! » C'est d'ailleurs cette connaissance du grand public pour cette possibilité qui a fait tomber en désuétude cette technique. Comme nous l'avons vu, les tourterelles ne sortent pas des manches. Elles n'auraient d'ailleurs que trop peu de place pour y respirer. Et la plupart des disparitions d'objets n'ont plus jamais lieu dans cette cachette trop évidente. Au moins en illusionnisme classique, sur scène ou en salon. Car le *close-up* a récupéré cette idée tombée dans l'oubli et se sert aujourd'hui abondamment du *sleeving* pour faciliter quelques effets.

Les techniques de *sleeving* fonctionnent pratiquement toutes sur le même principe : comment envoyer ou projeter un objet dans la manche sans que les spectateurs s'en rendent compte. Bien entendu, seuls des objets de dimensions réduites peuvent être escamotés de cette manière. Cela s'applique donc à des pièces, des bagues ou des balles. Les méthodes psychologiques de Slydini sur le détournement d'attention sont évidemment applicables pour cet objectif.

Globalement, on peut scinder les méthodes en deux systèmes distincts : le *sleeving* dans la manche de la main qui tient l'objet et le *sleeving* dans la manche de la main opposée à celle qui tient l'objet.

La première technique consiste dans une projection de type « claquement de doigts » qui projette en un clin d'œil l'objet horizontalement vers le bas de la main et par conséquent dans la manche. Le geste demande quelques semaines d'entraînement mais il est particulièrement efficace. Il est particulièrement pratique en position debout mais il faut impérativement ne pas regarder ce que l'on fait au moment où l'on projette l'objet. Dans le cas contraire, le spectateur s'en rendra compte neuf fois sur dix. Le fait,

7. Techniques et trucages

par exemple, de regarder l'autre main que celle qui projette l'objet opère un détournement d'attention des plus classiques.

La seconde technique consiste à projeter l'objet dans la manche de la main opposée dans l'action simulée de s'en saisir. Les deux principales méthodes sont d'abord la classique « graine de citrouille » et la seconde la projection à plat.

La « disparition à la graine de citrouille » consiste à tenir l'objet entre le pouce et l'index et à le presser comme on le ferait d'un pépin de citron ou d'une graine de citrouille, ce qui a pour effet de projeter l'objet hors des doigts. Si cette action a lieu sous le couvert de la main qui mime l'action de s'en saisir, cela permet de diriger la projection de l'objet vers et dans la manche si celle-ci n'est pas trop resserrée au poignet. Tout doit être étudié, sinon c'est l'échec.

La projection « à plat » n'est pas la plus facile mais l'effet visuel est particulièrement étonnant. L'objet, une pièce de monnaie en général, est à plat sur la paume de la main gauche. La main droite s'approche perpendiculairement à la main gauche et celle-ci vient la rejoindre un peu plus rapidement. C'est dans ce mouvement un peu plus rapide que la pièce est projetée, sans force ni violence qui trahirait le geste, dans la manche gauche. La main droite fait mine de s'en saisir et de se refermer dessus. Pour le spectateur, la pièce est dans la main droite indubitablement. Si un instant plus tard on prétend la faire disparaître, son étonnement est grand car il ne peut imaginer qu'elle se trouve dans la manche.

Il faut néanmoins beaucoup de pratique pour réussir avec assurance. Mais l'entraînement nécessaire est vraiment « payé » en retour. Ces *sleevings* sont d'ailleurs d'excellents moyens pour effectuer des changes.

Les grands secrets du monde de l'illusionnisme

Les changes

Si les *lappings*, et les *sleevings* permettent de belles disparitions, les changes, quant à eux, permettent de belles transformations. Les changes sont les techniques secrètes et invisibles qui permettent d'échanger un objet contre un autre, similaire mais truqué, ordinaire mais différent, différent mais truqué.

Les changes existent dans tous les aspects de l'illusionnisme, que ce soit pour les grandes illusions, nous l'avons vu avec le truc de l'éléphant, ou en *close-up* pour échanger un objet ordinaire emprunté à un spectateur contre le même mais truqué. Cela permet par exemple de changer un jeu de cartes mélangé consciencieusement par un spectateur contre un jeu préparé et classé dans un certain ordre.

On doit pour cela combiner une disparition et une apparition mais qui ne doivent pas être ressentie comme telle sauf si l'on souhaite faire un « changement à vue ».

En combinant par exemple un *sleeving* « à plat » d'une pièce de cinquante centimes en main gauche et la tenue d'une pièce de deux euros à l'empalmage à plat en main droite, on obtient une transformation très visuelle pour peu que l'on parvienne à synchroniser parfaitement le dépôt de la pièce empalmée et le *sleeving* de la pièce montrée au départ. La même combinaison permet de changer une pièce identique mais truquée sans que cela soit un seul instant décelable.

Il existe des changes de toutes sortes et pour toutes sortes de circonstances, à deux mains, debout, assis, couché, ou d'une seule main, qui demandent des années de pratique et d'entraînement.

Les *lappings* permettent également de très beaux changes absolument invisibles si l'on applique parfaitement les règles psychologiques adéquates.

7. Techniques et trucages

Il existe parallèlement à toutes ces méthodes fondées sur l'habileté, une quantité d'objets truqués qui permettent de changer certains objets contre d'autres. Des boîtes, des vases, des portefeuilles, des enveloppes, des étuis, des tubes ou encore des sacs. Le plus célèbre d'entre eux était une « quêteuse », sorte de sac muni d'un manche permettant d'ouvrir ou fermer automatiquement un compartiment où se trouvaient le ou les objets à échanger. Nombres d'amateurs ont utilisé cet accessoire saugrenu pour ne par dire grotesque, dans le but de s'épargner quelques heures de recherche sur un change plus original. Tout est possible en illusionnisme, même le pire...

Les miroirs

Curieusement, et l'information va sans doute en décevoir certains, les miroirs sont assez peu utilisés dans le domaine qui nous occupe ici. Les seuls numéros où l'utilisation de miroirs est réelle et ne peut pas être évitée sont les suivants :

- le décapité parlant ;
- le corps sans tête ;
- la stroubaïka persane ;
- *one million dollars mystery* (principe qui permet de faire apparaître des personnes vivantes ou des animaux sur une table disposée au centre de la scène, sans utilisation de trappes) ;
- et la dernière disparition de l'éléphant de Siegfried et Roy.

Dans ces cinq numéros, le principe qui prévaut est toujours le même : un, deux, ou plusieurs miroirs reflètent une partie du décor qui les entoure, donnant l'impression au spectateur d'une continuité de vacuité alors que, derrière le miroir, beaucoup de personnes ou d'objets peuvent être dissimulés.

Les grands secrets du monde de l'illusionnisme

L'inconvénient d'utiliser des miroirs dans les salles de spectacle est que les spectateurs doivent tous être placés au bon endroit pour subir l'effet d'optique souhaité. Or il est extrêmement difficile de parvenir à cette unanimité de points de vue.

Les trappes

Les trappes ne sont pratiquement plus utilisées de nos jours, pour la raison suivante : les salles de spectacle modernes n'en sont plus équipées. À une certaine époque, le public ignorait encore largement l'existence de trappes dans les planchers des théâtres. Il était donc possible d'étonner par ce moyen ; d'autre part, tous les théâtres en étaient pourvus et une illusion jouée grâce à une trappe dans un théâtre pouvait l'être autant dans un autre. De nos jours, cela n'est plus possible, et c'est l'une des raisons qui empêchaient Siegfried et Roy de pouvoir partir en tournée avec leur spectacle.

La meilleure illusion jamais réalisée grâce à une trappe est probablement la disparition d'une femme sur une chaise, de Buatier de Kolta. Relisez la description et vous comprendrez son ingéniosité.

Les doubles fonds

En revanche, le principe du double fond est probablement le premier truc jamais inventé depuis le début des temps et il fut utilisé dans tous les aspects possibles et imaginables jusqu'à aujourd'hui. Il n'existe aucun magicien digne de ce nom qui n'ait eu recours au moins une fois dans sa vie au mécanisme du double fond sous une forme ou sous une autre.

Le principe général du double fond consiste pour un objet, à présenter une apparence laissant à penser qu'il est vide, normal et qu'on n'y peut rien

7. Techniques et trucages

cacher, enlever ou ajouter. Le portefeuille de Himber à double ouverture ou celui de Kaps sont des accessoires à double fond. La bouteille inépuisable de Robert-Houdin, la boîte Boston ou le classique haut-de-forme pour apparition de lapin, encore des doubles fonds. Toutes les enveloppes utilisées par les magiciens sont des enveloppes à double fond, compartiments ou poches secrètes. Ce principe est aussi ancien que l'humanité et durera aussi longtemps qu'elle. Combien de gens autour de nous présentent une apparence alors qu'ils sont tout autre ? Même certains individus peuvent être à double fond. Seuls les animaux ne trichent pas...

Les fils invisibles

Les fils ont toujours été d'un grand secours pour les illusionnistes. Surtout à compter de Robert-Houdin qui, en transposant des principes d'horlogerie comme les « renvois », a permis de rendre totalement incompréhensibles certaines de ses expériences. À son époque, la commande lointaine par des fils passant sous le plancher de la scène équivalait à ce que peut-être la télécommande pour nous aujourd'hui. Imaginez pour le public de l'époque si on lui avait montré une télécommande !

Les fils invisibles sont utilisés en illusionnisme de deux manières, directe ou indirecte. Dans la manière directe, le fil intervient directement dans la production de l'effet et le public s'en doute mais ne le voit pas. C'est le principe qui joue pour beaucoup d'effets de lévitation ou de suspension.

Les fils indirects sont les plus astucieux. En effet, ils interviennent dans la production de l'effet mais la mise en scène éloigne totalement l'esprit du spectateur de l'idée d'un fil. Pour bien en comprendre l'application, prenons un exemple simple. Il y a quelques années, le brillant magicien français et surtout inventeur de tours Gaetan Bloom avait suggéré l'idée suivante : le poisson invisible. Deux aquariums sont l'un à côté de l'autre. À droite un aquarium avec quelques décorations aquatiques (plantes sous-marines et mini-épave) et dans lequel nage un poisson. À gauche, le

Les grands secrets du monde de l'illusionnisme

même aquarium avec la même décoration aquatique mais aucun poisson n'est visible. Pourtant deux étiquettes placées devant chaque aquarium indiquent le nom d'un poisson. Et, plus surprenant, à gauche il est précisé « poisson invisible ». En regardant mieux, on s'aperçoit que la décoration sous-marine est agitée par moments de soubresauts qui laissent à penser qu'il y a bien un poisson invisible dans le bocal. Bien sûr, les poissons invisibles n'existent pas. Mais les fils invisibles oui.

L'idée du magicien français consiste à attacher un fil invisible autour du poisson réel dans le bocal de droite et d'attacher l'autre extrémité à la plante sous-marine. De ce fait le poisson vivant, en remuant, donne vie à la plante sous marine du bocal voisin, laissant à penser que quelque chose de vivant se trouve dans le bocal de gauche. « Si ça bouge... »

C'est exactement l'application d'un fil indirect car aucun observateur ne s'attend à trouver un fil dans un aquarium.

La lumière noire

La lumière noire est obtenue par une lampe à rayons ultra-violets. Sa fabrication remonte à la fin des années 1960 et permet de faire ressortir tout ce qui est blanc ou peint en couleur fluorescente. L'utilisation de la lumière noire en illusionnisme est très récente est n'apporte au fond rien de vraiment utile car le public sent bien que cela permet de cacher beaucoup de choses dans le noir.

En revanche, utilisée sur un mode humoristique, elle permet des effets burlesques et surprenants. Le magicien Omar Pacha a créé dans les années 1970 un numéro complet exécuté en lumière noire avec décapitation, lévitation et disparition sur le thème des mille et une nuits. Ce sera le seul à oser l'utilisation de la lumière noire dans un show complet.

7. Techniques et trucages

En illusionnisme de scène, la lumière noire permet de renforcer certains contrastes pour mieux dissimuler des fils qui doivent être invisibles.

En *close-up*, personne ne s'en est encore servi, encore que j'ai ouï dire que le très célèbre cartomane Bebel aurait mis quelque chose au point...

Chapitre 8
Chacun son tour : à vous d'étonner vos amis

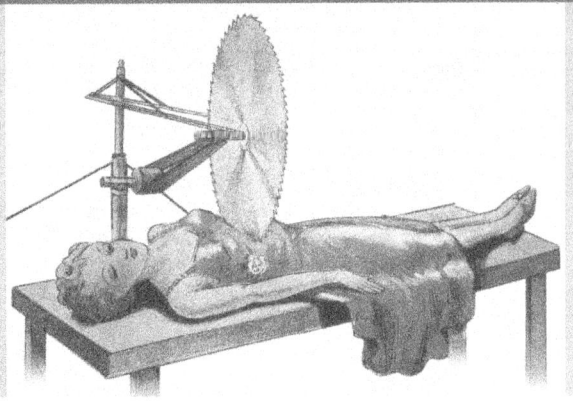

Les grands secrets du monde de l'illusionnisme

Les sucres passe-muraille

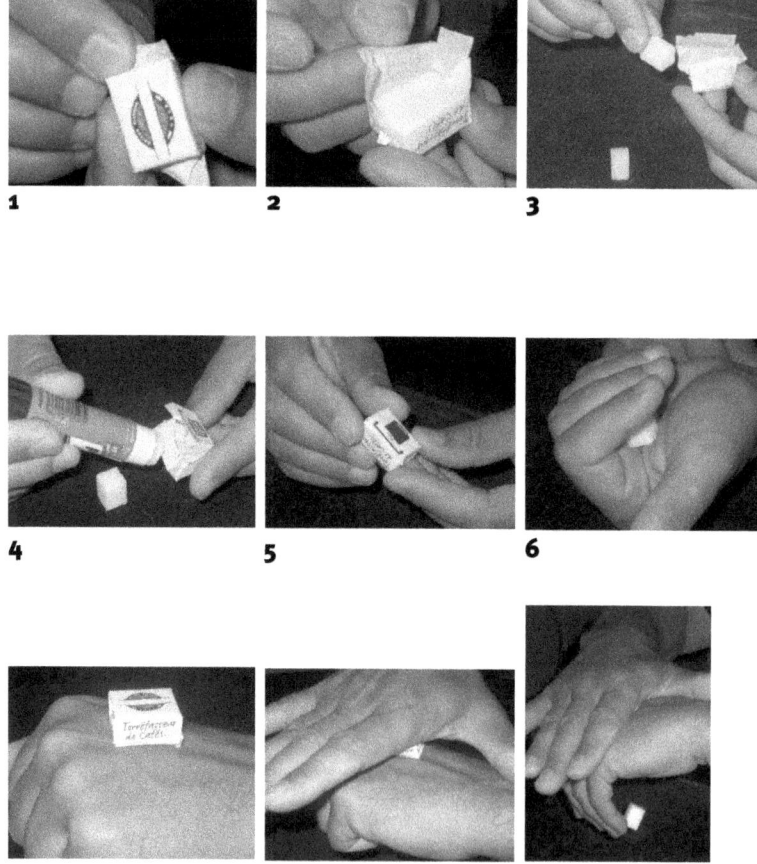

8. Chacun son tour : à vous d'étonner vos amis

Effet

Trois sucres encore enveloppés dans du papier traversent votre main.

Présentation

Vous êtes au café, vous prenez des sucres enveloppés dans du papier que vous placez sur votre main gauche. Vous écrasez les sucres qui tombent sur la table au travers de votre main tandis que le papier vide reste sur le dos de votre main.

Secret

Le paquet censé contenir les sucres est vide. Et vous tenez les sucres cachés dans votre main fermée.

Préparation

Procurez-vous, dans un café, un paquet de sucres enveloppés. Ouvrez délicatement le sachet sans le déchirer et tout en conservant son aspect cubique. Prenez un bâton de colle et recollez le sachet de façon à lui redonner son volume apparent, comme s'il contenait des sucres.

Vous êtes prêt pour faire le tour. Cachez les sucres dans votre main gauche et le sachet vide dans votre main droite en prenant garde de ne pas l'écraser. Asseyez-vous au bar. Commandez un café. Ajoutez votre sachet vide à ceux qui sont déjà présents sur le comptoir. Attendez que quelqu'un vous regarde et prenez le sachet vide ; posez-le sur votre main gauche, comptez mentalement jusqu'à trois et écrasez le sachet avec votre main droite tandis que vous ouvrez la main gauche pour laisser échapper les sucres. Observez les réactions autour de vous.

Les grands secrets du monde de l'illusionnisme

Le crayon qui pleure

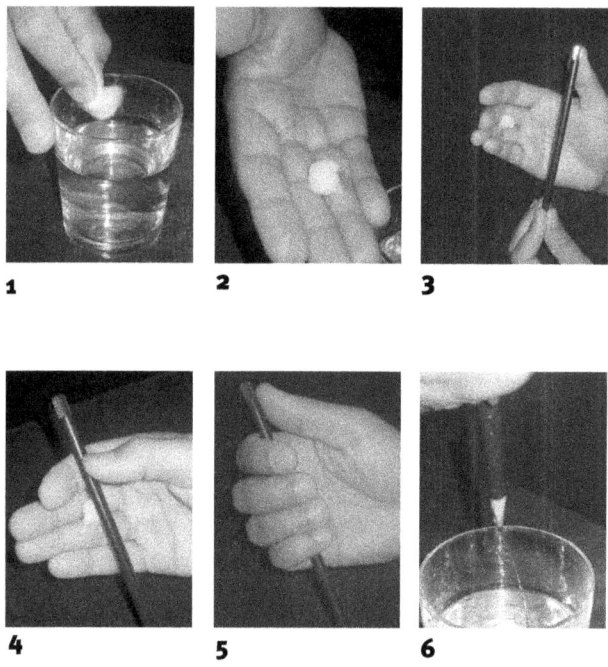

8. Chacun son tour : à vous d'étonner vos amis

Effet

Un crayon laisse tout à coup échapper de l'eau par la mine.

Présentation

Vous êtes au bureau ou à l'école. Vous prenez un stylo ou un crayon dans votre main. Tout à coup une grande quantité d'eau se met à couler de la mine.

Secret

Vous avez dans votre main un morceau de coton hydrophile imbibé d'eau.

Préparation

Tenez le coton imbibé d'eau à la racine de vos doigts dans votre main droite, mais n'appuyez pas pour éviter d'en faire sortir l'eau à ce moment. Prenez un crayon ou un stylo avec votre main gauche et placez le verticalement dans votre main droite, contre le coton. Attention à ne pas appuyer. Attendez un instant puis commencez à appuyer doucement le coton contre le stylo ou le crayon. L'eau va glisser le long du corps du crayon et couler en partant de la mine. C'est très surprenant.

Une fois l'eau entièrement évacuée. Reprenez le stylo avec la main gauche et donnez-le à quelqu'un qui aura sûrement envie de le toucher. Débarrassez-vous alors discrètement du coton dans votre poche.

Les grands secrets du monde de l'illusionnisme

Le ballon increvable

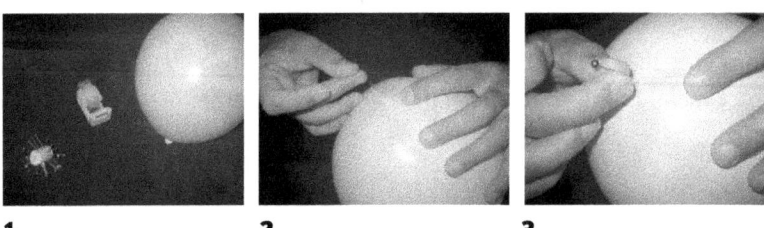

1 2 3

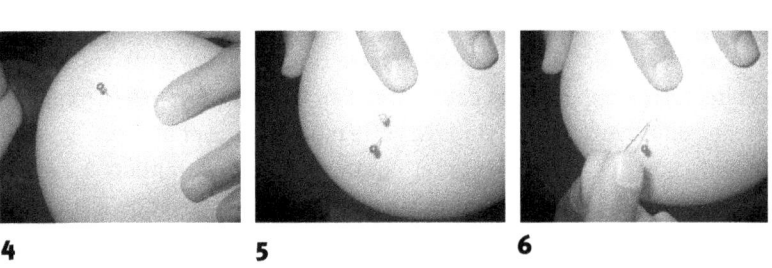

4 5 6

8. Chacun son tour : à vous d'étonner vos amis

Effet

Un ballon de baudruche gonflé n'éclate pas lorsqu'on pique une épingle dedans.

Présentation

Vous présentez deux ballons. Un rouge, un vert. Vous montrez une épingle et vous la piquez dans le ballon vert, il éclate.

Vous prétendez hypnotiser le ballon rouge et faites quelques mouvements de la main autour. Vous piquez alors l'épingle dans le ballon et il n'éclate pas. Vous en piquez une seconde, il n'éclate toujours pas car, dites-vous, sous hypnose, il est insensible à la douleur. Vous retirez les épingles. Vous prétendez le ramener à la réalité. Vous le piquez à nouveau, il éclate.

Secret

Vous avez, secrètement et à l'avance, collé un petit morceau de 5 cm de ruban adhésif transparent sur le haut du ballon rouge. C'est dans le ruban adhésif que vous piquez les épingles, ce qui l'empêche de se déchirer et donc d'éclater.

Les grands secrets du monde de l'illusionnisme

Le verre qui disparaît

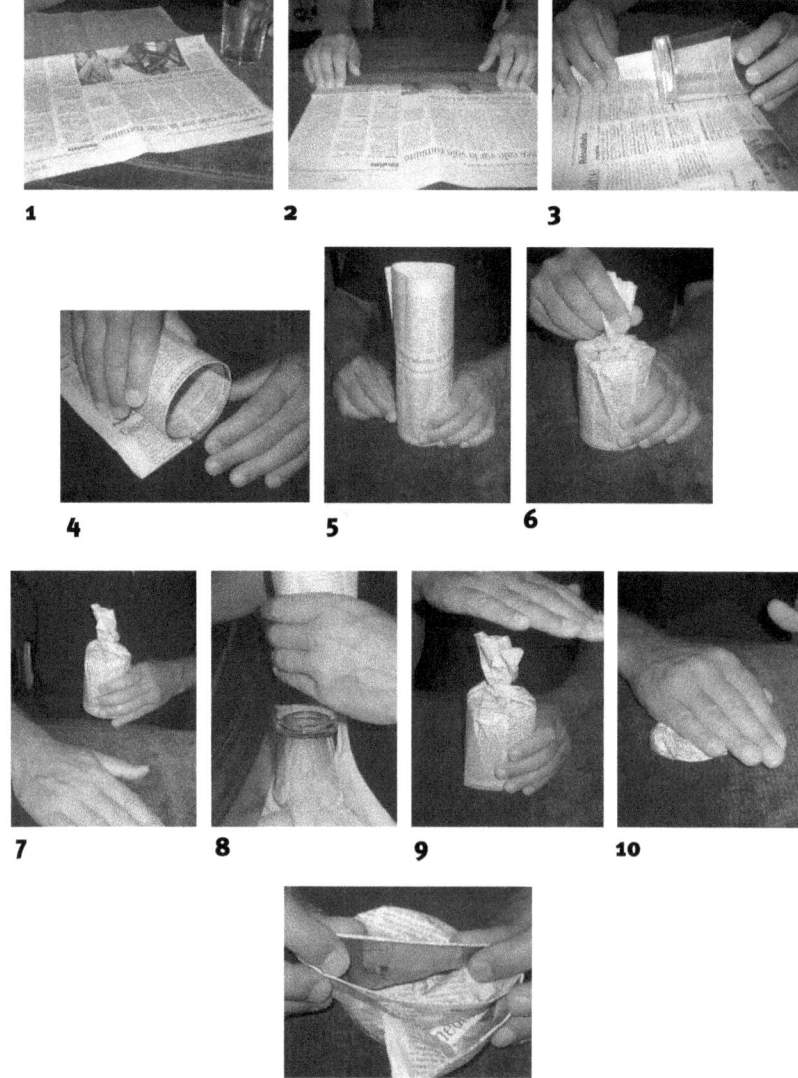

8. Chacun son tour : à vous d'étonner vos amis

Effet

Un verre est roulé dans du papier journal comme pour l'emballer. On pose le verre sur la table, on compte jusqu'à trois et on écrase le verre. Il a disparu. Il ne reste que le papier journal vide.

Préparation

Prenez une feuille de papier journal et pliez-la dans la largeur pour faire une bande de papier du tiers de la feuille. Choisissez un verre sans pieds à bord verticaux. Roulez la bande de papier journal autour du verre et écrasez le journal sur le dessus du verre. Le verre est ainsi emmailloté dans le papier journal mais peut glisser aisément vers le bas. Emparez-vous avec la main droite du verre avec le journal autour et approchez votre main du bord de la table pour que le verre soit au-dessus de vos genoux.

Secret

Vous allez « lapper » le verre sur vos genoux en conservant le papier journal en main qui conserve la forme du verre.

Laissez tomber le verre sur vos genoux en même temps que votre main gauche essuie le centre de la table comme pour en chasser les miettes qui pourraient vous gêner. Ramenez la main droite, tenant le journal à présent vide, au centre de la table. Comptez jusqu'à trois et écrasez le papier journal. Le verre semble s'être volatilisé.

Cela vous permet de pratiquer un lapping avec le détournement d'attention de la main gauche qui balaie la table.

Les grands secrets du monde de l'illusionnisme

Le papier coupé et reconstitué

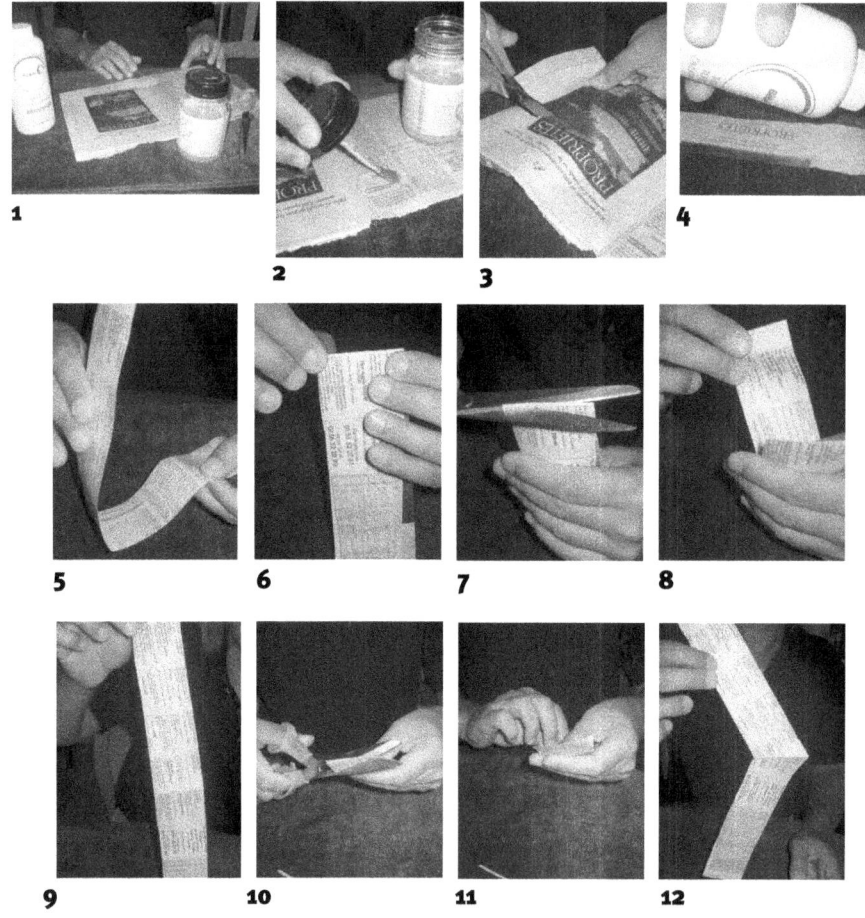

8. Chacun son tour : à vous d'étonner vos amis

Effet

Une feuille de papier journal que l'on coupe en deux se reconstitue immédiatement trois fois de suite.

Présentation

Vous montrez une bande de papier journal de 60 cm de long sur 10 cm de large. Vous la pliez au milieu et vous coupez avec des ciseaux 1 cm de papier à la pliure. Vous devriez obtenir deux bandes de papier. Vous lâchez une extrémité et la bande est intacte. Vous recommencez la même opération : même résultat. La troisième fois, vous coupez à la pliure en biais, et la bande de papier est ressoudée mais en biais !

Secret

Vous prenez une bande de papier journal, vous la pliez en deux en marquant le pli. Vous la rouvrez et étalez de part et d'autre du côté interne de la pliure de la colle caoutchouc, colle pour relier les livres. Vous laissez sécher et vous répandez un peu de talc sur la zone encollée. Procurez-vous de ciseaux et vous êtes prêt pour présenter l'effet décrit plus haut.

Les grands secrets du monde de l'illusionnisme

Les 3 cordes

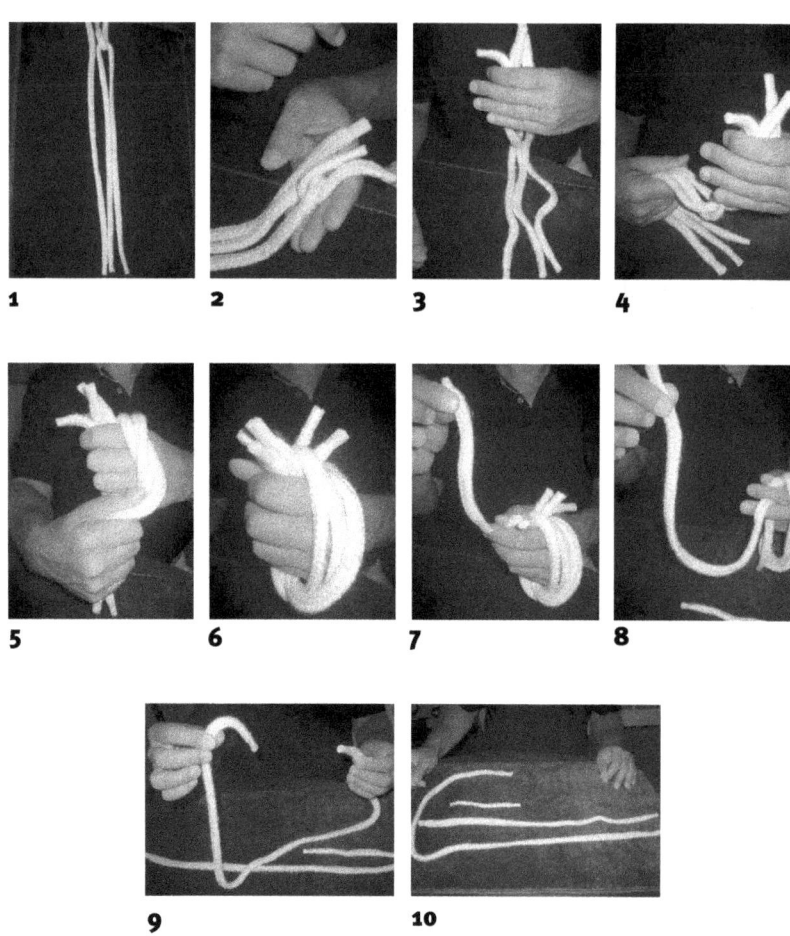

8. Chacun son tour : à vous d'étonner vos amis

Effet

Trois cordes d'égale longueur deviennent trois cordes de tailles inégales.

Présentation

Vous montrez trois cordes de longueurs semblables, vous les roulez dans votre main et en ressortez une petite, une moyenne et une grande.

Secret

Les trois cordes sont dès le début de trois longueurs différentes. Vous devez couper trois cordes de la manière suivante : si l'on plie la grande en deux et que l'on y ajoute la petite pliée en deux également, on obtient la longueur de la moyenne.

Faites un ∪ avec la plus petite, faites un ∩ avec la plus grande, et mettez-les l'une sur l'autre. Passez la plus petite, en ∪, au centre de la plus grande et tenez les en main en cachant avec les doigts l'endroit où les deux ∪ et ∩ se raccordent. Rajoutez la corde de moyenne longueur à côté et vous obtenez l'illusion de tenir trois cordes identiques dans la main. Suivez la procédure de la présentation.

Les grands secrets du monde de l'illusionnisme

L'épingle voyageuse

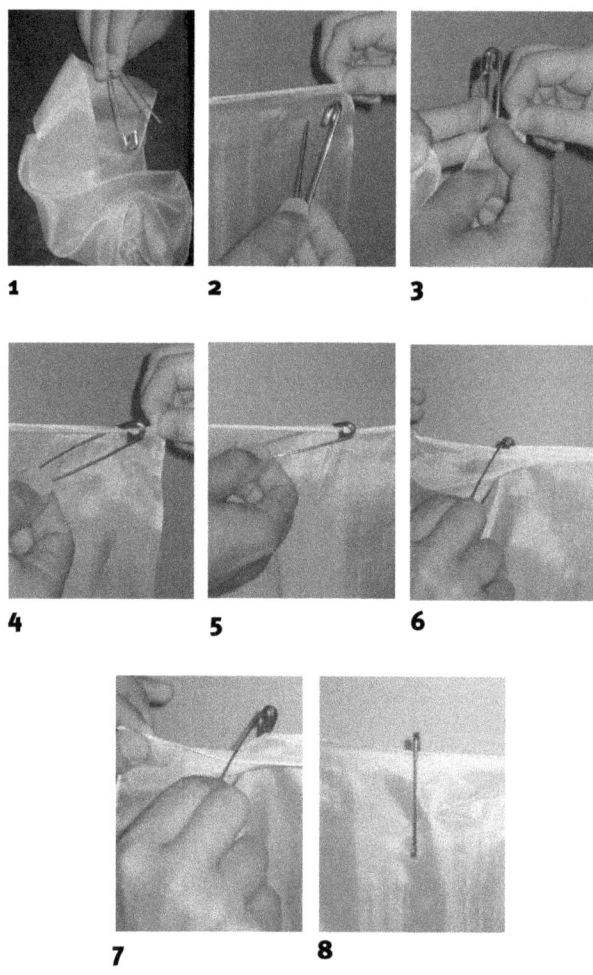

8. Chacun son tour : à vous d'étonner vos amis

Effet

Une épingle à nourrice piquée et fermée dans un mouchoir le traverse dans sa longueur et sans le déchirer.

Présentation

Procurez-vous une épingle à nourrice dont la tête est double, c'est-à-dire pouvant s'ouvrir ou se fermer indifféremment à droite ou à gauche. Empruntez un foulard et faites-en tenir un coin solidement par son propriétaire. Il ne doit pas le lâcher en cours de procédure. Surtout lorsque vous allez tirer sur l'épingle. Prenez l'épingle, ouvrez-la et piquez-la dans le foulard à deux centimètres du bord et à côté de l'endroit où se trouve la main du spectateur.

Fermez l'épingle. Faites constater qu'elle est bien fermée et prenez de la main gauche l'autre coin supérieur du foulard.

Tirez sur le foulard pour que le bord supérieur soit bien raide et emparez-vous avec la main droite de la partie de l'épingle de sûreté opposée à l'ouverture. Tirez alors doucement l'épingle vers vous en inclinant la tête de l'épingle de sûreté de 45° environ par rapport au bord du foulard. De cette manière, l'épingle, sans être ouverte, glisse le long du bord du foulard. Parvenu près de votre main gauche, arrêtez-vous et repiquez l'épingle immédiatement dans le foulard. Apparemment, l'épingle a glissé à travers le tissu, sans l'endommager et sans avoir été ouverte. Un miracle.

Les grands secrets du monde de l'illusionnisme

Les gobelets magiques

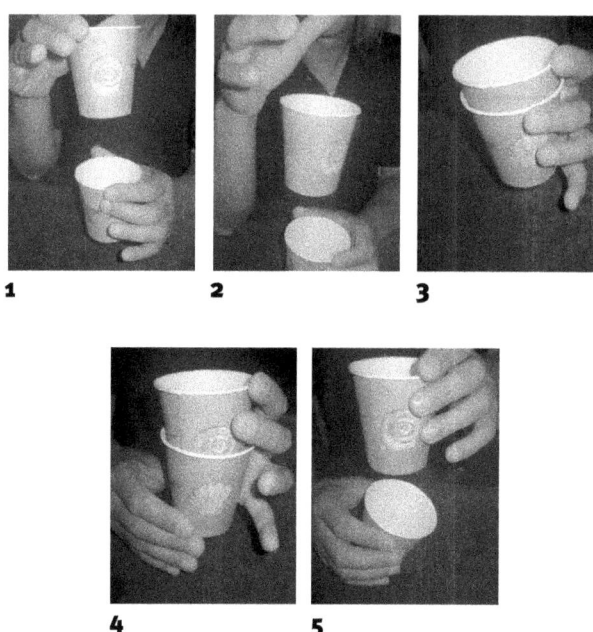

1
2
3

4
5

8. Chacun son tour : à vous d'étonner vos amis

Effet

Deux verres passent visiblement l'un à travers l'autre.

Présentation

Procurez-vous deux verres en pyrex, sans pied et identiques. Prenez l'un des verres entre le pouce et le majeur de la main droite et tenez le second avec la main gauche comme pour boire mais du bout des doigts.

Mettez les deux verres l'un au-dessus de l'autre comme pour les emboîter, mais sans qu'ils se touchent. Lâchez alors le verre tenu en main droite pour qu'il s'emboîte en tombant dans celui que tient la main gauche. Le secret consiste à relâcher le verre tenu en main gauche au moment où celui lâché par la main droite vient à tomber dedans. Il faut le rattraper avec la main droite tandis que la main gauche retient celui qui vient d'arriver. Cela demande un bon synchronisme pour que l'illusion soit réussie, mais cela vaut la peine de s'y exercer. C'est le tour idéal à montrer à l'improviste.

Un conseil : au début, entraînez-vous avec des gobelets en cartons !

Les grands secrets du monde de l'illusionnisme

L'étui qui disparaît

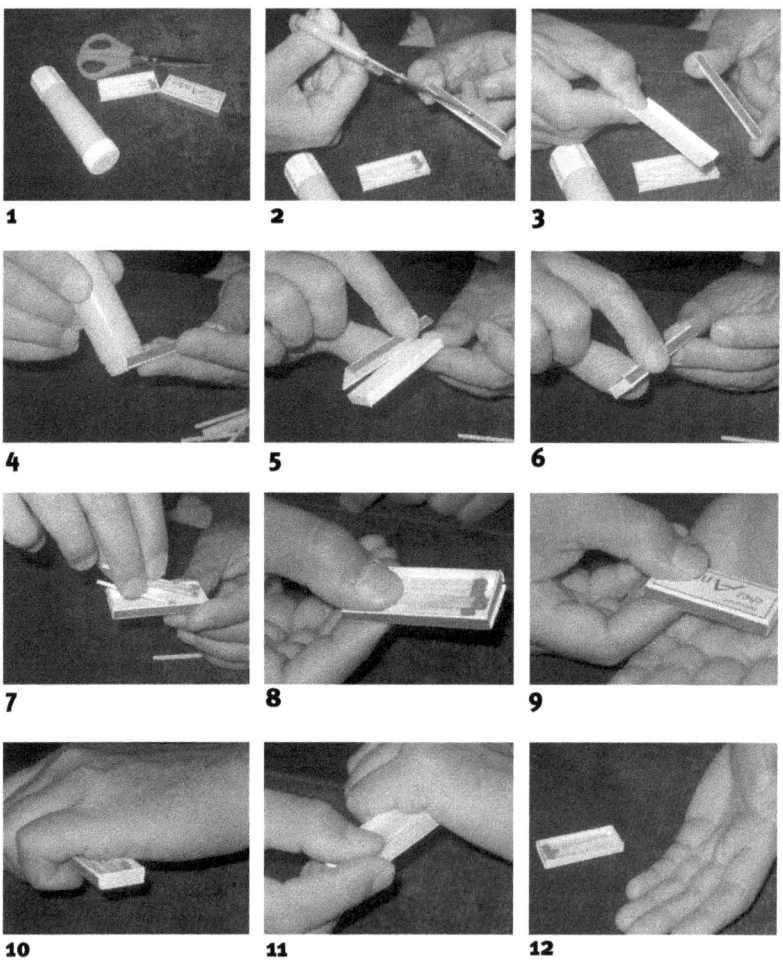

8. Chacun son tour : à vous d'étonner vos amis

Effet

L'étui d'une boîte d'allumettes disparaît sans laisser de traces.

Présentation

Vous montrez une boîte d'allumettes fermée dans son étui. Vous la placez dans votre main et vous fermez la main. Vous retirez de votre main le tiroir avec les allumettes que vous posez sur la table. Il devrait vous rester l'étui dans la main. Vous ouvrez la main : il n'y a pas d'étui !

Secret

Vous avez une boîte d'allumettes sur le fond de laquelle vous avez collé le couvercle d'un étui et sur un côté le grattoir qui sert pour allumer les allumettes. Vous voilà prêt. D'un côté vous pouvez montrer une boîte d'allumettes dans son étui. De l'autre un tiroir rempli d'allumettes.

Vous avez juste à retourner la boite pour sortir l'aspect tiroir de votre main, et l'étui aura forcément disparu.

Les grands secrets du monde de l'illusionnisme

La pièce à travers le foulard

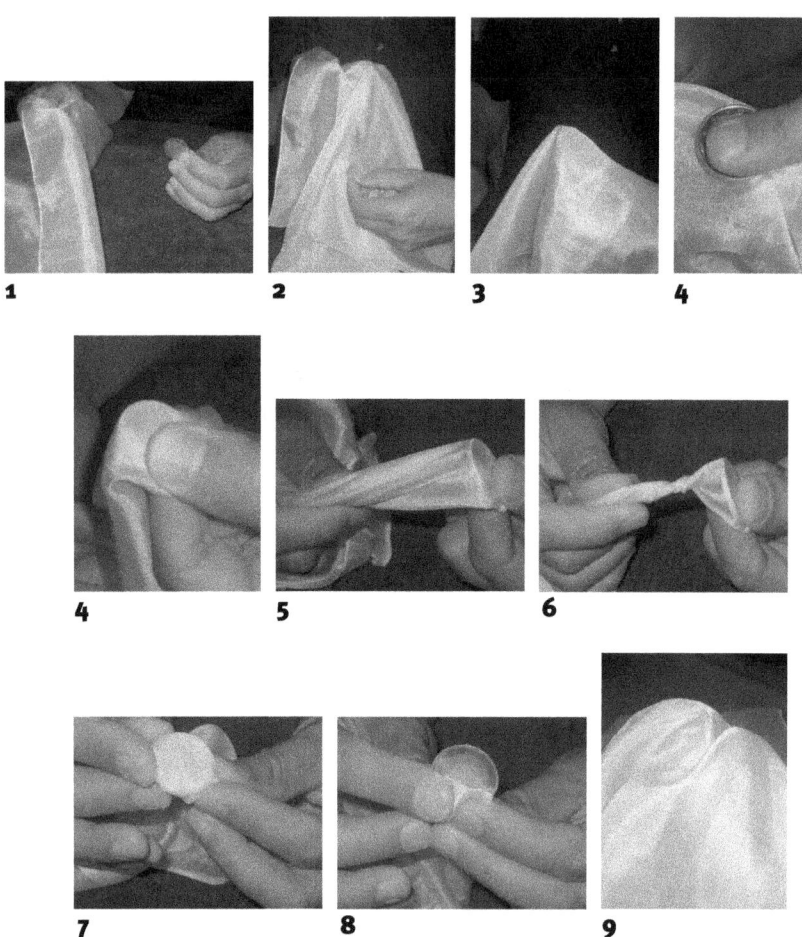

8. Chacun son tour : à vous d'étonner vos amis

Effet

Une pièce traverse le centre d'un foulard.

Présentation

Vous montrez une pièce de monnaie que vous tenez en main gauche au bout des doigts. Vous empruntez un foulard ou une serviette dont vous recouvrez la pièce et votre main. Vous remontrez que la pièce est bien dessous, puis vous entortillez le foulard autour de la pièce. Et tout à coup vous parvenez à extraire la pièce du foulard comme si vous l'aviez déchiré. Lorsqu'il est étalé, il est intact.

Secret

Lorsque vous soulevez le foulard pour montrer la pièce une seconde fois, votre pouce gauche fait un pli derrière la pièce et immédiatement vous basculez toute la main gauche vers l'avant. La pièce se trouve alors derrière le foulard, dans le pli créé par le pouce gauche. Vous n'avez plus qu'à tortiller le foulard autour de la pièce et jouer la comédie d'extraire la pièce du centre du tissu.

Les grands secrets du monde de l'illusionnisme

Sucre en poudre en morceau

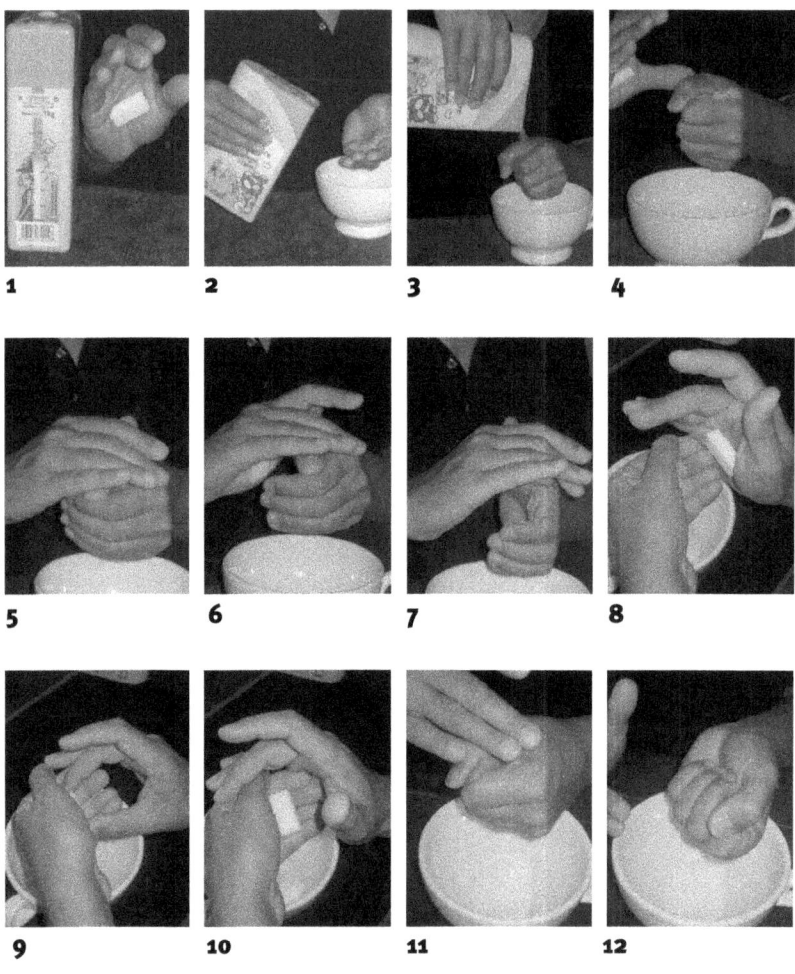

8. Chacun son tour : à vous d'étonner vos amis

Effet

Vous mettez du sucre en poudre dans votre main et il se transforme en un morceau de sucre.

Présentation

Vous versez un peu de sucre en poudre dans votre main montrée vide, et lorsque vous ouvrez la main, le sucre en poudre est devenu un morceau de sucre.

Secret

Vous avez un morceau de sucre caché à l'empalmage de la main droite. Vous montrez votre main gauche vide et la fermez en poing. Vous prenez un sucrier en poudre et commencez à verser du sucre dans votre main. N'en versez pas trop. Posez le sucrier et nettoyez avec votre main droite qui tient le sucre caché le dessus de votre poing. Lâchez alors le morceau de sucre dans votre main gauche et refermez la main dessus. Approchez à présent votre main gauche du bord de la table et « lappez » le sucre en poudre sur vos genoux. Avancez ensuite la main au centre de la table. Attendez un instant et ouvrez la main. Laissez vos amis commenter. Ne dites plus rien.

Les grands secrets du monde de l'illusionnisme

Permutation de billets de banque

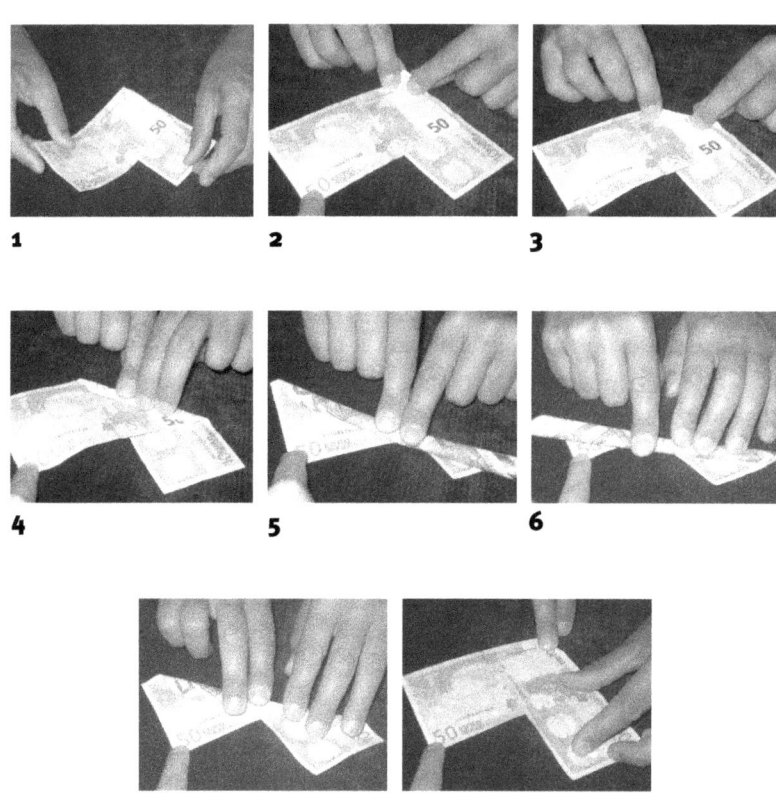

8. Chacun son tour : à vous d'étonner vos amis

Effet

Deux billets de banque passent l'un sur l'autre sans bouger de place.

Présentation

Prenez deux billets de banque de tailles très différentes, 10 euros et 50 euros par exemple. Disposez les deux billets à plat sur la table l'un sur l'autre pour former un L. Faites remarquer que le billet de 50 euros est bien au-dessus du billet de 10 euros. Demandez à un spectateur de poser son doigt sur le billet de 50 euros et dites-lui qu'il ne doit pas soulever le doigt jusqu'à la fin de la démonstration.

Prenant alors le coin du L où les deux billets sont superposés, commencez à rouler les billets comme vous le feriez avec une cigarette. Tendez bien le papier et roulez les billets en direction du doigt du spectateur qui a ordre de ne le soulever à aucun moment. Ce qui vous oblige, parvenu à son doigt, de revenir en arrière. Et en revenant en arrière vous constaterez alors que c'est le billet de 20 euros qui est maintenant sur le billet de 50 euros.

Secret

Faites-le et vous verrez bien !

Les grands secrets du monde de l'illusionnisme

Les cordons du fakir

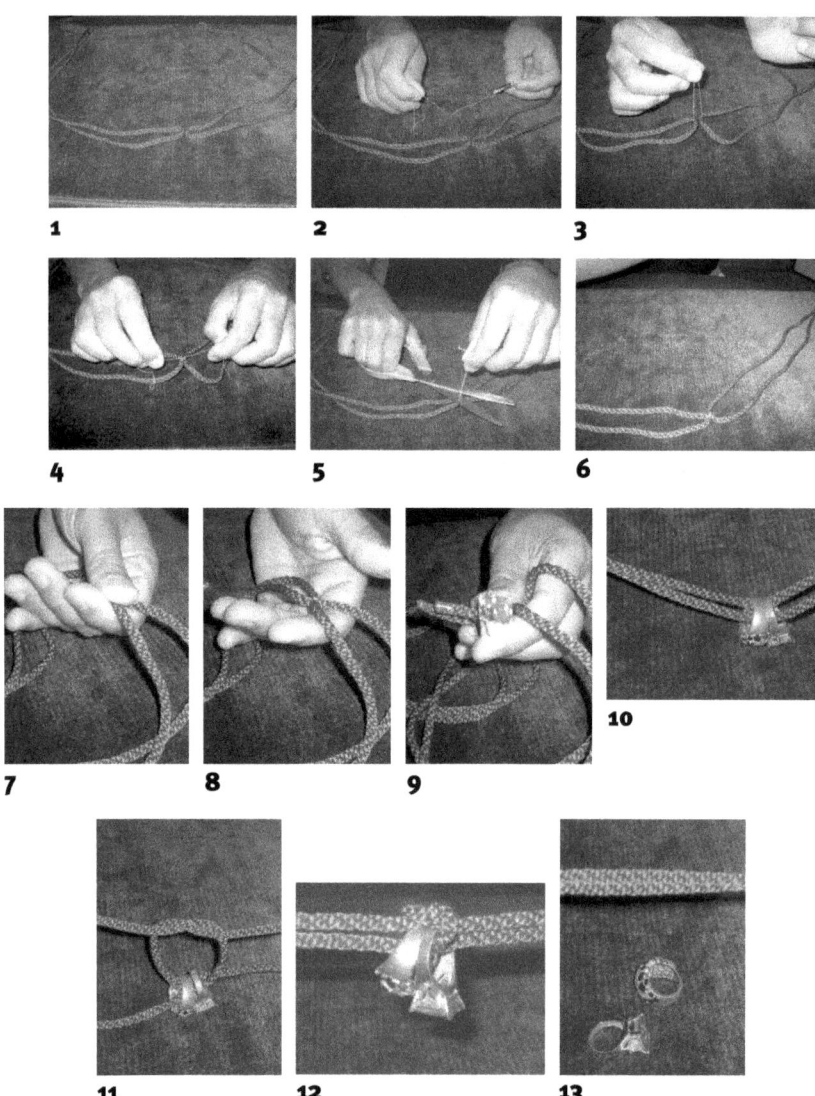

8. Chacun son tour : à vous d'étonner vos amis

Effet

Des objets personnels tels que bague, porte-clefs, montre, appartenant à des spectateurs sont enfilés sur deux cordelettes nouées par-dessus tous. En un instant, tous les objets sont libérés des cordelettes qui, elles, sont toujours intactes.

Présentation

Empruntez à vos spectateurs quelques objets personnels qui doivent pouvoir s'enfiler sur les cordelettes, tels que bagues, clefs, bracelets...

Secret

Les deux cordelettes noires de deux mètres de longueur sont reliées en leur centre par un fil noir très fin. Elles sont ensuite tenues en double U allongé. Vous enfilez alors les objets jusqu'à l'endroit du fil noir. Vous faites alors un nœud avec une seule cordelette que vous nouez autour des objets. Si vous cassez le fil, les objets tombent sur la table mais les cordelettes sont toujours intactes. Elles n'ont plus de nœud, ce qui n'est pas logique mais personne ne le remarque.

Les grands secrets du monde de l'illusionnisme

L'œuf qui disparaît

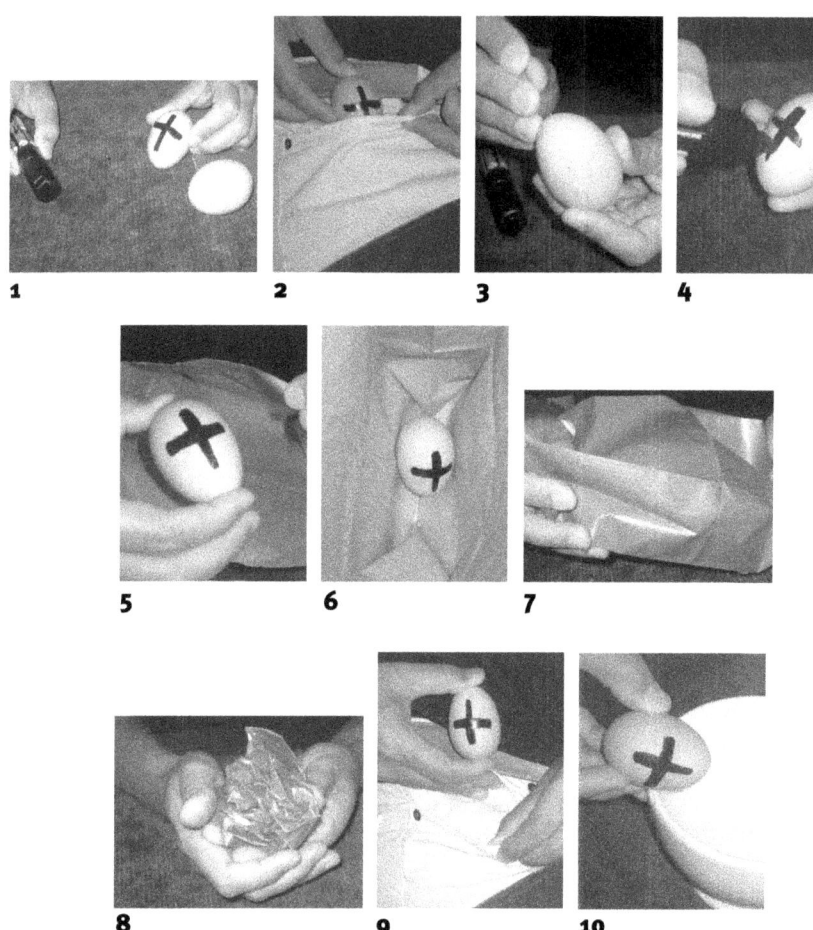

8. Chacun son tour : à vous d'étonner vos amis

Effet

Un œuf est repéré d'une croix puis placé dans un sac en papier. Le sac est écrasé : plus d'œuf ! Il est alors ressorti intact de la poche de l'opérateur.

Secret

Gobez un œuf pour le rendre creux ; puis placez-le avec d'autres œufs. Faites une croix sur un œuf frais et placez-le dans votre poche.

Présentation

Prenez l'œuf creux et faites une croix identique à celle que vous avez faite sur l'œuf qui est dans votre poche. Placez cet œuf dans le sac et écrasez le sac : l'œuf semble s'être évaporé. Au bout d'un instant sortez l'œuf frais de votre poche et cassez-le dans un verre pour montrer qu'il est réel et empêcher que l'on examine la croix de trop près.

Les grands secrets du monde de l'illusionnisme

Un miracle par téléphone

Effet

Un spectateur choisit une carte dans un jeu. Une personne est appelée au téléphone. Elle donne immédiatement le nom de la carte qui a été choisie sans poser de question.

Présentation

Vous étalez un jeu de 32 cartes faces visibles devant une personne qui en choisit une. Vous lui demandez alors de téléphoner à un numéro et de parler à Simon. La personne appelle Simon qui se concentre quelques instants et annonce le nom de la carte choisie.

Secret

Chaque carte du jeu de trente-deux correspond à un prénom différent. Selon le prénom que vous indiquez à la personne qui doit appeler, la personne au téléphone possède la liste des cartes et des prénoms qui correspondent. Si on l'appelle Simon, c'est que la personne a choisi le sept de trèfle. Vous devez simplement apprendre cette liste par cœur. Quand je vous disais que pour faire du mentalisme, il faut de la mémoire !

	Pique	Cœur	Trèfle	Carreau
As	Albert	Étienne	Henri	Michel
Roi	Antoine	Ernest	Jacques	Paul
Dame	Armelle	Agnès	Juliette	Florence
Valet	Philippe	Félix	Rosa	Olivier
Dix	Carlos	Jérôme	Isabelle	Patrick
Neuf	Édouard	Yves	Dominique	Danièle
Huit	Éric	Lætitia	Jean	Véronique
Sept	Pierre	Sophie	Simon	Eugénie

Chapitre 9
Glossaire de quelques termes et techniques utilisés en illusionnisme

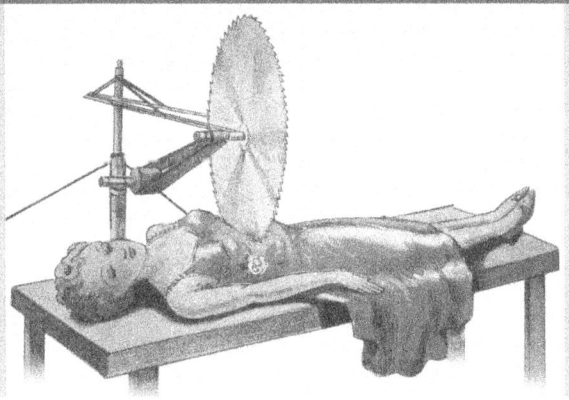

Balles éponge. Accessoire de *close-up* inventé par Albert Ghosmann et permettant, par leur matière extrêmement compressible, toutes sortes de passes, de transfert et de multiplication dans les mains même des spectateurs.

Boniment. Texte accompagnant un tour et servant à justifier ou rendre cohérentes les actions effectuées.

Break. Ou « brisures » en français, séparations maintenues entre une ou plusieurs cartes d'un jeu et obtenues en insérant les parties charnues des doigts sur quelques millimètres entre les cartes. Les *breaks* permettent de conserver le contrôle d'une ou plusieurs cartes. Ils doivent être invisibles.

Carte ambitieuse. Principe de routine de cartes dans laquelle une carte choisie par un spectateur et pouvant être signée par lui remonte toujours au-dessus du jeu quel que soit l'endroit où on l'a placée dans le jeu. Le principe en fut inventé par le magicien français Alberti dans la première moitié du XIXe siècle. C'est un principe qui peut-être montré plusieurs fois — il a fait la réputation de Dai Vernon devant Houdini — et selon différentes méthodes.

Carte au plafond. Effet consistant à retrouver la carte signée par un spectateur collée au plafond en envoyant le jeu en l'air. L'inventeur de ce tour est l'Américain Michael Amma, élève de Dai Vernon. La carte tient collée au plafond par de la cire adhésive.

Carte au portefeuille. L'effet a été inventé par Yigal Mesika. Il consiste dans la découverte dans la poche intérieure d'un portefeuille d'une carte choisie et signée sur sa face par un spectateur. La poche du portefeuille est en principe munie d'une fermeture éclair qu'il faut ouvrir pour retrouver la carte. Comme la carte au plafond, ce tour est aujourd'hui un classi-

Les grands secrets du monde de l'illusionnisme

que présenté par beaucoup d'illusionnistes. Tout le secret repose sur la conception particulière du portefeuille qui permet d'introduire la carte dans la poche fermée. Plusieurs artistes ont mis au point leur propre technique, tels Tom Mullica, Balducci ou Larry Jennings.

Carte clef. Une carte « clef » est une carte dont l'artiste connaît le nom et l'emplacement dès le début d'un tour et qui lui permet ensuite de retrouver la carte d'un spectateur par simple déduction. La plus connue des cartes clefs est celle du dessous du jeu qui permet de retrouver la carte posée sur le jeu après plusieurs coupes. Si l'on étale le jeu faces vers le haut, de la droite vers la gauche, sur la table, la carte du spectateur se trouve à la droite de la carte « clef ».

Charge. Ensemble d'objets que l'on veut faire apparaître. C'est la mise en place de ces objets dans l'accessoire — qui peut-être une boîte, un chapeau... — duquel on se propose de les extraire pour faire une production.

Chargeur. Appareil contenant les objets que l'on désire faire apparaître. Il existe des chargeurs pour cigarettes, pour boules, pour cartes, pour pièces... Ils sont dissimulés sur soi, sur des partenaires ou sur des tables et des chaises utiles au spectacle.

Chop-cup. Dans le classique jeu des gobelets, les trois gobelets sont normaux. Le *chop-cup* est l'invention d'Al Wheatley. Il consiste en un gobelet dont le fond possède un aimant, et en une muscade ou une balle munies d'un morceau de métal afin d'être attirées au fond du gobelet et d'y rester collées. Le principe permet de laisser supposer que le gobelet est vide puisque rien n'en tombe. Il suffit de poser le gobelet un peu brutalement sur la table pour que la balle se détache et apparaisse sous le gobelet.

Climax. Le *climax* d'un tour ou d'une routine est son « point culminant ». Le fait de retrouver finalement une carte choisie dans un portefeuille après l'avoir retrouvée plusieurs fois dans un jeu, constitue le *climax* de ce type de routine.

Glossaire

Contrôle. Un « contrôle » consiste à ne jamais égarer une carte dans un jeu bien que ce denier soit mélangé. Les contrôles se font soit par des « breaks » à l'aide des doigts soit par des cartes clefs (cartes cornées, cartes épaisses ou marquées). Les contrôles permettent de retrouver facilement les cartes choisies par des spectateurs.

Coquille. Demi-objet s'emboîtant sur l'objet réel et présentant la même apparence. Une demi-boule en bois ou en métal qui s'applique sur une boule est une coquille. Il existe des coquilles de boule, de pièce de monnaie, de dé à jouer, d'étui de jeu de cartes. On peut fabriquer une coquille de tout objet que l'on souhaite dédoubler. L'idée du dédoublement des boules de billard est de Buatier de Kolta.

Disparition-rétention. Technique de disparition applicable à une pièce de monnaie ou une balle éponge. Ce type de disparition consiste à placer l'objet à faire disparaître sur la paume de la main gauche en le tenant avec les doigts de la main droite. On laisse l'objet deux secondes bien visible pour que l'œil du spectateur s'imprègne parfaitement de l'image. Puis les doigts de la main gauche se referment autour de l'objet alors que celui-ci est emporté par la main droite qui le transfère aussitôt à l'empalmage. L'effet est que l'objet semble bel et bien avoir été pris par la main gauche car la rétention visuelle de l'objet dans la main est encore dans la mémoire de l'œil. L'effet joue à plein avec les objets de couleurs vives (balles rouges) ou brillants (pièces de monnaie).

Dummy. Mot d'origine anglaise qui, en prestidigitation, signifie duplicata. Cela peut être le double identique, mais non truqué, d'un accessoire truqué.

Éventail. Technique de cartes visant à mettre le jeu en arc de cercle parfait dans la main. Tous les grands manipulateurs ont développé leurs méthodes pour « éventailler » les cartes, soit des deux mains, soit d'une seule main. Sont apparues ensuite les méthodes pour réaliser des doubles éventails, les cartes étant imbriquées au départ une à une comme pour un

Les grands secrets du monde de l'illusionnisme

mélange, puis « eventaillées » avant d'être égalisées. La taille de l'éventail est alors doublée.

Fake. Mot d'origine anglaise signifiant « faux » et désignant un objet truqué que le public peut voir, mais dont il ignore le truquage ou l'utilisation.

Faux pouce. Accessoire secret, donc un gimmick, consistant en une imitation de la première phalange du pouce de la main droite. Le faux pouce est creux et peut être chaussé sur le vrai pouce. Étant creux, on peut y placer des petits objets que l'on souhaite faire disparaître, foulards, bagues, cigarettes... Il semble avoir été inventé par Buatier de Kolta qui en faisait un usage fréquent.

Feinte. Mouvement simulé de prise ou de dépôt d'un objet. L'action est mimée mais non réelle. Le public ne doit pas être en mesure de faire la différence entre l'action réelle et la feinte.

Fioriture. Démonstration d'habileté et de dextérité avec des objets tels que cartes ou pièces. Les fioritures s'apparentent au jonglage. Les éventails de cartes sont des fioritures très prisés des manipulateurs.

Flasher. Laisser voir aux spectateurs un cours instant, volontairement ou involontairement selon le cas, une situation anormale ou étrange. Une carte retournée visible dans un jeu où toutes les cartes sont censées être dans le même sens est un « flash » perçu par tout spectateur.

Forcer une carte. Action d'obliger un spectateur à prendre ou nommer une carte dans un jeu. Il existe plusieurs centaines de méthodes pour parvenir à ce résultat.

Gimmick. Mot d'origine anglaise désignant les accessoires spéciaux ignorés du public, et qui doivent demeurer invisibles pour le public. Un tirage par un fil ou un élastique sont des gimmicks.

Houlette. Mise en suspension ou en lévitation d'une ou plusieurs cartes d'un jeu, choisies par le spectateur. Cela désigne aussi l'étui conçu spécialement pour recevoir le jeu et permettant de faire s'élever vers le haut du

Glossaire

jeu un certain nombre de cartes. Il existe des centaines de principes permettant d'obtenir ce résultat surprenant.

Jeu biseauté. Jeu de cartes dont les bords ont été coupés en trapèze sur un millimètre. Les cartes doivent alors être orientées toutes dans le même sens pour que le jeu paraisse égalisé. Si une carte est placée dans le sens contraire des autres, la forme en trapèze fait déborder ses côtés d'un millimètre, permettant de retrouver ainsi facilement la carte en effleurant la tranche du jeu. C'est un procédé de contrôle très ancien et qui n'a pratiquement plus cours aujourd'hui.

Jeu des gobelets. Le plus ancien tour de magie du monde. Il consiste à perdre et à retrouver des muscades ou des petites balles sous trois gobelets sans que l'on puisse parvenir à comprendre comment les balles disparaissent et réapparaissent sous les gobelets. Les variantes de ce numéro sont innombrables, tant au niveau des différentes passes effectuées avec les balles que par la taille la forme la couleur des balles et des gobelets. Certains l'on présenté avec des billes en acier (Paul Gertner), d'autres avec des poussins (Gali Gali), d'autres avec quatre gobelets (ce qui n'apporte étrangement rien) ou des gobelets transparents (Jason Latimer).

Jeu invisible. Inventé par le magicien américain Irving Feldman, le principe de ce jeu est de pouvoir retrouver n'importe quelle carte nommée par un spectateur, face non visible dans un jeu étalé sur la table où toutes les cartes sont face visible. Le principe a été ensuite décliné avec des variantes, la carte ayant un dos de couleur différente (*brainwave deck* de Dai Vernon), ou avec un jeu de cartes blanches où la carte nommée est la seule imprimée. Le principe peut également être appliqué à un petit nombre de cartes.

Jeu Svengali ou Jeu Radio. Jeu truqué inventé par Burling Hull ou W.D. Leroy. Il consiste en un jeu de cartes dans lequel une carte sur deux est plus courte d'un millimètre par rapport à la taille normale du jeu. Les cartes courtes sont généralement toutes identiques pour permettre de

Les grands secrets du monde de l'illusionnisme

faire couper automatiquement le jeu sur l'une des cartes courtes. C'est un des nombreux procédés de forçage d'une carte.

Matrix. Principe de voyages d'objets, généralement quatre, disposés en carré sur une table et qui se réunissent en un seul point. Ce tour est souvent effectué avec des pièces de monnaies ou des sucres. Le principe de base vient du magicien américain Al Schneider.

Mélange hindou. Type de mélange d'un jeu de cartes pratiqué en Orient. Les cartes sont tenues en main droite par les grands côtés et saisies par la main gauche qui s'en empare par petites portions du haut vers le bas du jeu. Ce type de mélange permet le forçage de la carte du dessous du jeu.

Misdirection. Ou détournement d'attention. Action de détourner la vue ou le raisonnement du spectateur du procédé sur lequel repose un tour en focalisant son intérêt sur un aspect mineur par rapport à l'explication. Le maître inventeur de ces procédés était le magicien américain Tony Slydini.

Muscade. Les muscades étaient utilisées dès l'origine pour le tour des gobelets. Le nom est resté et désigne aujourd'hui la petite boule de liège utilisée pour exécuter ce numéro.

Passe. Mouvement secret de la main permettant de réaliser un effet, procédé de manipulation. Le terme se retrouve dans l'expression tour de « passe-passe », voulant dire qu'en deux mouvements de la main le tour était joué. Le faux dépôt d'une muscade sous un gobelet est une passe.

Pièces à travers la table. Probablement inventé par Al Baker et George Sanderson, ce tour est un classique de la magie des pièces de monnaie qui consiste à donner l'illusion que quatre pièces passent à travers la table. C'est un tour de *close-up* par définition.

Prise. Action de s'emparer secrètement sur soi ou sur un accessoire d'un objet, d'un accessoire, d'une charge.

Production. Terme générique pour l'apparition d'objets hors d'un endroit préalablement montré vide — main, boîte, tube, cage... Les accessoires

Glossaire

faisant l'objet d'apparitions peuvent être extrêmement variés : fleurs, foulards, cartes, oiseaux...

Rêve de l'avare. Tour de pièces désormais classique dont l'origine se perd dans la nuit des temps. Il consiste à faire apparaître des pièces de monnaies de toutes sortes d'endroits tels que vêtements, cheveux, nez, oreilles d'un spectateur pris au hasard.

Riffler. Mouvement des doigts consistant à effeuiller rapidement un jeu de cartes sur l'une de ses tranches comme on le ferait avec les pages d'un livre.

Routine. Enchaînements de plusieurs passes produisant chacune un « effet » permettant de construire une succession d'actions de plus en plus étonnantes. On parlera par exemple d'une routine de carte ambitieuse, c'est-à-dire d'une succession de techniques différentes permettant de faire croire qu'une même carte remonte sans cesse sur le jeu. Une routine se termine généralement sur un *climax*.

Servante. Poche ou tablette adaptée aux tables ou aux chaises, et qui permet de s'emparer d'objets, de faire une prise, ou de les déposer secrètement.

Tête de hareng. Accessoire secret, *gimmick*, composé d'un fil élastique et d'un embout creux en caoutchouc en forme de tête de poisson attaché dans la manche et permettant la disparition de petits objets, foulards, bagues, dés, etc.

Tirage. Dispositif consistant en un morceau de fil ou de cordon élastique destiné à faire disparaître un objet dans la manche, sous le bras ou entre le gilet et la veste.

Trappe. Ouverture pratiquée sur les scènes de théâtres où dans les tables et les guéridons pour produire des apparitions, et surtout des disparitions. La différence entre une trappe et une servante est que la trappe se referme alors que la servante a une ouverture permanente.

Les grands secrets du monde de l'illusionnisme

Triumph. Ou « mélange dans tous les sens ». Tour inventé par Dai Vernon et qui consiste à mélanger une moitié d'un jeu de cartes faces non visibles avec l'autre moitié du jeu faces visibles. Puis, sans aucun geste, à retrouver toutes cartes dans le même sens sauf la carte préalablement choisie par un spectateur.

Informations sur l'illusionnisme

Fabricants de matériel

Paris Magic — Guy Lore
5 rue Maurice Bouchor
75014 Paris
Tél. : 33 1 45 43 11 09
M° Porte de Vanves

Magic Dream
16 rue George Bernard Shaw
75015 Paris
Tél. : 33 1 40 56 02 01
M° Dupleix

Académie de magie — Georges Proust
11 rue Saint-Paul
75004 Paris
Tél. : 33 1 42 72 13 26
M° Saint-Paul

Les grands secrets du monde de l'illusionnisme

Le magasin de magie

13 rue du Temple

75004 Paris

Tél. : 33 142 74 06 74

M° Hôtel de Ville

Associations d'amateurs et de professionnels

F.F.A.P. (Fédération Française des Artistes Prestidigitateurs)

Nombreuses amicales régionales dans toute la France

Renseignements : http://www.magie-afap.com

C.F.I.J.D. (Cercle Français de l'Illusion Jules Dhotel)

Réunion mensuelle à Paris

Renseignements : http://multimania.com/cfijd

C.I.P.I. (Centre International de la Prestidigitation et de l'Illusion)

Loir et Cher

Renseignements : http://www.multimania.com/05/cipi

Les amis de la magie

Réunions à Paris 12^e

Renseignements :

Ivan Laplaud — 8 rue Gay-Lussac — 91240 Saint-Michel-sur-Orge

Tél. : 06 19 70 16 53.

Informations sur l'illusionnisme

Nord Magic Club
Lille
Tél. : 33 3 20 88 23 15

Magica
2 boulevard de Cimiez B1
06000 Nice
Tél. : 33 4 93 31 72 73
Courriel : balezeric@AOL.com
Renseignements : http://www.niceasso.net/magica

Cercle magique Comtois
26 rue Ronchaux
25000 Besançon
Tél. : 33 3 81 60 91 26
Courriel : didier.magnier3@libertysurf.fr

Sites Internet d'informations générales

www.magies.com
www.virtualmagie.com
www.magiefrance.com

Les grands secrets du monde de l'illusionnisme

Spectacles permanents

Péniche Métamorphosis — Jean Madd

3 quai Montebello

75005 Paris

Tél. : 33 1 43 54 08 08

M° Maubert-Mutualité

Le musée de la magie

11 rue Saint-Paul

75004 Paris

Tél. : 33 1 42 77 45 62

M° Saint-Paul

Pour contacter l'auteur

jakepagett@wanadoo.fr

Bibliographie

ALBER, *La prestidigitation moderne. Lecteurs de pensées, devineresses, secrets des prestidigitateurs, fakirs, médiums*, Michel, Paris, 1927

ALPHA, *La magie des cartes pour la scène*, tome 1, Georges Proust éditeur, Paris, 1983

ALPHA, *Magie du Feu*, préface de Pierre Etaix, Georges Proust éditeur, Paris, 1984

Roger BARBAUD, *Tours de cartes avec appareils*, 1933

Roger BARBAUD, *Prestidigitation et magie blanche. Tours de cartes sans appareils*, Encyclopédie Roret, Société française d'éditions littéraires et techniques, Paris, 1933

Roger BARBAUD, *Hydromagie*, 1935

Roger BARBAUD, *Foulards et drapeaux. Prestidigitation et magie blanche (III)*, Encyclopédie Roret, Société française d'éditions littéraires et techniques, Paris, 1933

Professeur BOSCAR, *Dix séances d'illusionnisme. Sans aucune adresse ni étude spéciale*, F. Lanore éditeur, 1948

Adolphe BLIND, *Les automates truqués*, 1927

Pierre BRAHMA, *La malle des indes*, France Loisirs, Paris, 1980

Remi CELLIER, *Manuel pratique d'illusionnisme et de prestidigitation*, tome 1 : « Généralités — tours de cartes », Préface de monsieur Auguste Lumière,

Les grands secrets du monde de l'illusionnisme

Payot, Paris, 1935. Sommaire : Histoire abrégée de l'illusionnisme — Principes généraux — La séance d'illusionnisme (sa mise en scène : local, matériel, accessoires, gestes et mouvements, rapidité, feintes, doigts et œil, attention, jugement, comparses, etc.)

Rémi CELLIER, *Manuel pratique d'illusionnisme et de prestidigitation*, tome 2 : « Pièces de monnaie, boules, œufs, muscades, foulards, cordes, montres, cigarettes, dés à coudre », Payot, Paris, 1936

CHARDANS, *Dictionnaire des trucs (les faux, les fraudes, les trucages)*, Jean-Jacques Pauvert, Paris, 1960

Keith CLARK, *Encyclopédie des tours de cigarettes*, Éditions techniques du spectacle, Strasbourg

DEVANT, *Mes secrets d'illusionniste (Secrets of my Magic)*, avec la collaboration de Horace Goldin, Oswald Williams, Cecil Lyle, Herbert J. Colling, Will Blyth et autres Prestidigitateurs connus, traduction française par R. et J. Cellier, préface de Rémi Cellier, Payot, Paris, 1938

Jules DHOTEL, *La Prestidigitation sans bagages ou Mille tours dans une valise*, 8 tomes, Champion-Slatkine, Paris-Genève, 1987

DICKSONN, *Médiums, fakirs et prestidigitateurs*, Albin Michel, Paris, 1927

Max DIF, *Histoire illustrée de la prestidigitation. Un Art venu du fond des âges*, Maloine, Paris, 1986

Bruce ELLIOTT, *Les meilleurs tours de la prestidigitation moderne. Micromagie — pièces et billets de banque — bagues — cordes — foulards — tours de cartes — tricheries des Grecs — télépathie — enchaînements de tours*, Payot, Paris, 1957

Bruce ELLIOTT, *Précis de prestidigitation. Cartomancie, tours de pièces, la magie des billets, télépathie truquée, psychologie de la prestidigitation*, traduction de Pierre Lanoé, préface d'Orson Welles, Payot, Paris, 1953

GARCIA, *The very best of Frank Garcia*, Éditions techniques du spectacle, Strasbourg

Bibliographie

Camille GAULTIER, *La Prestidigitation sans Appareils. Traité de tous les Tours de Mains anciens et de toutes les Manipulations nouvelles (notamment du Double Empalmage) comprenant des Tours anciens et modernes*, Librairie Nourry, Paris, sans date (vers 1900)

GIBSON, *Les secrets des grands magiciens*, Éditions techniques du spectacle, Strasbourg

GOLDSTEIN, *The very best of Phil Goldstein*, Éditions techniques du spectacle, Strasbourg

HARTMAN, *The very best of Hartman*, Éditions techniques du spectacle, Strasbourg

J.N. HILLIARD, *La prestidigitation du XXe siècle*, tome 1 : « Tours de cartes modernes. Cartes, éventails, toutes les manipulations et passes modernes, faux mélanges, saut de coupes, forçages, etc., toutes les subtilités modernes supprimant les passes, tours anciens modernisés, tours improvisés, tours sans adresse, tours d'adresse, tours de magie mentale, tours avec cartes truquées et appareils, les meilleurs tours des "as" américains », illustrations d'Harlan Tarbell, traduction de Pierre Lanoé, Payot, Paris, 1969

J.N. HILLIARD, *La prestidigitation du XXe siècle*, tome 2 : « Tours divers », Payot, Paris, 1969

Jean HLADIK, *Prestidigitation et illusionnisme*, PUF, Paris, 1967, 128 pages (Collection « Que sais-je ? » n° 1276)

Jean HUGARD, *La magie des cartes*, 1951

Jean HUGARD, *Encyclopédie des tours de cartes*, Payot, Paris, 1964

Renaud JOSEPH, *Comment on devient Illusionniste*, Librairie Grund, Paris, 1945

KANE, *The very best of Peter Kane*, Éditions techniques du spectacle, Strasbourg

George G. KAPLAN, *Les Merveilles de la Prestidigitation*, Payot, Paris, 1955

Les grands secrets du monde de l'illusionnisme

KAUFMAN, *Les merveilles de Williamson*, Mayette éditeur, Paris, 1986

Roland LECOURBE, *Houdini et sa légende*, Éditions techniques du spectacle, Strasbourg

KLINGSOR, *Les grandes illusions américaines*, Éditions techniques du spectacle, Strasbourg

KLINGSOR, *Les secrets de la mnémotechnie*, Éditions techniques du spectacle, Strasbourg

LORAYNE, *Principe nouveau de découverte d'une carte*, Éditions techniques du spectacle, Strasbourg

MARLO, *The very best of Edward Marlo*, Éditions techniques du spectacle, Strasbourg

Henning NELMS, *Magie et mise en scène*, 3 tomes, Éditions techniques du spectacle, Strasbourg, 1984

Serge ODIN, *Les anneaux chinois. Présentation inédite comprenant le supplément par Victor Farelli suivi des figures d'anneaux par H. Maurier et J. Hédolt*, Mayette éditeur, Paris, 1974

Patrick PAGE, *Le grand livre de l'illusionnisme et des tours de prestidigitation pour l'amateur et le professionnel*, De Vecchi, 1980

Georges PROUST, *Les techniques de base de la prestidigitation*, Georges Proust éditeur, Paris, 1983

Michel SELDOW, *Vie et secrets de Robert-Houdin*, Fayard, Paris, 1971

Michel SELDOW, *Les illusionnistes et leurs secrets*, Arthème Fayard, Paris, 1960

Tom TIT, *La science amusante*, 1re série : « Cent expériences », Librairie Larousse, Paris, 1890

Tom TIT, *La science amusante*, 2e série : « Cent nouvelles expériences », Librairie Larousse, Paris, 1890

Bibliographie

Tom TIT, *La science amusante*, 3ᵉ et dernière série, Librairie Larousse, Paris, 1890

Robert TOCQUET, *La prestidigitation à la portée de tous*, Productions de Paris — N.O.E., Paris, 1977

Robert VENO, *La prestidigitation facile. Cours complet en douze leçons*, Mayette éditeur, Paris, 1954

VERNON, *The very best of the Vernon*, Éditions techniques du spectacle, Strasbourg

VOLLMER, *Tours de cartes automatiques*, 7 tomes, Éditions techniques du spectacle, Strasbourg

Index

A
Aaron 38
abracadabra 37
acetabulari 37
Alan-Alan 100
Allen, Woody 69
Ammar, Michael 70
Anguinet, Benita 51
Anneman, Teo 90
Annemann, Ted 108
Ascanio, Arthuro di 32

B
Bacon, Roger 46
Balasmo, Joseph 45
Bamberg 52
Barnum 53
Barta, Yves 25
Baudelaire 50
Béjart, Maurice 24
Bellachini 52
Ben-Ali-Bey 51
Bilis, Bernard 106
Blackstone, Harry 53, 79, 88, 109, 113, 114
Blaine, David 57
Blind 52

Bloom, Gaetan 33, 98
Bodin, Jean 46
Boileau 47
Bongo, Ali 33, 98
Borra 33, 101
Bosch, Jérôme 46
Bosco, Bartolomeo 52
Bosco, Jean 52
Brachetti, Arturo 101
Bresson, Robert 100
Brunnet 67
Buatier, Joseph dit Buatier de Kolta 51, 63, 86, 96, 97
Burton, Lance 56

C
Cagliostro 45
Cardini 32, 54, 80
Carl-Compars Herrmann 51
Caston, Alfred de 50
Catherine II 49
Ceillier, Rémy 30
Chaplin, Charlie 54
Chavez, Marian et Ben 17
Christophe 25
Clark, Keith 54
Clifton, Fred 101

Les grands secrets du monde de l'illusionnisme

Conan Doyle, Arthur (Sir) 52
Copperfield, David 25, 34, 47, 56, 69, 82, 84, 89, 97, 100, 110, 114
Corinda, Alex 90, 108
Cornelis, Heinrich 46
Cyrus 39

D

Daniel 39
Daniels, Paul 56
Dante, Domenico 53
Davenport, William et Ira 52
David-Devant 51
de Vere 67
Decremps, Henri 48
Delille, Adrien 50
Delord, Jacques 56, 96
Dhotel, Jules Dr. 54
Dickens, Charles 56
Dietrich, Marlène 54
Dingle, Derek 55, 71
Direks, Henry 65
Dominique 33, 86
Dunglas Home, Daniel 89

E

Earth Wind & Fire 56
Einstein, Albert 104
Eryklès 40

F

Fabre, Denise 99
Fah, Freddy 96
Fantasio 88
Fearson, Steeve 110
Fechner, Christian 74, 109
Flamel, Nicolas 45

Fox, Catherine et Margaret 52
Franju, Georges 72, 79
Fran-Klint 54

G

Gance, Abel 66
Garcimore, José 33, 70, 98
Gaughan, John 25, 74, 89, 108
Gauthier, Camille 54
Geller, Uri 100
Ghosmann 71
Goethe 48
Goldin, Horace 23, 53, 82, 96
Golet, Bernard 99
Goshman, Albert 19, 55, 83
Griffith, W. 66
Grippo, Jimmy 55
Guyot, Edme-Gilles 48

H

Hamilton 50
Harbin 96
Henning, Doug 56, 73, 88
Hergé 87
Héron d'Alexandrie 39
Hofsinzer, Johann 51, 109
Hologne, Marc 69
Honorins d'Autun 43
Hooker, Dr 88
Houdini, Harry 26, 53, 70, 73, 82, 96, 99, 100
Hugo, Victor 52

J

Jackson, Michael 56
Jambrès 38
Jannès 38

Index

Jaquet-Droz 49
Jay, Ricky 32, 70, 105
Jenning, Larry 70
John-Neville Maskelyne 51
Jonn, Fin 88
Joseph, Eddie 101

K
Kalanag 53, 96
Kaps, Fred 80
Karson, Joe 88, 113
Kassagi 100, 101
Kean, Warren 51
Keaton, Buster 54
Kellar, Harry 67
Kenner, Chris 74, 108
Kotkin, David Seth 56
Kurtz, Gary 33, 34, 91

L
Lafayette 51
Larry, Dani 25
Larsen, Milt et Bill 55
Laurel et Hardy 54, 99
Lautner, Georges 98
LePaul, Paul 32, 55
Leroy, Servais 89
Lindon, Vincent 98
Lonn, Johnny 33, 98
Lord Lawnsdone 113
Lorrayne, Harry 33
Lucas, Georges 66, 102
Lumière, frères 66

M
Mac Carthy, Charly 102
Mac Ronay 33, 98

Macaluso, Raphaël 50
Maître Gonin 47
Majax, Gérard 33, 56, 101
Malini, Max 19
Malraux, André 90
Maret, Dr. 66
Marlo, Edward 55, 71
Maven, Max 33
Méliès, Georges 63, 66
Mendoza, John 74
Merlin 42
Merlin, Jean 96
Miss Westcar 38
Moretti, Hans 88
Morgane 42
Morton, Charles 51
Myr et Myroska 33, 90

N
Nelson Downs, Thomas 51
Newton 86
Nielsen, Norm 88
Nostradamus 45

O-P
Ozanam, Jacques 48
P.T. Selbit 96, 109
Pendragons 88
Penn et Teller 56, 99
Pepper, John 65
Philadelphia, Jacob 48
Pierre-Jacques 33
Pinetti de Willedal, Joseph 48
Plaute 37
Plutarque 37
Pollock, Channing 17, 54, 72, 79, 86
Prévost, Jean 47

Primo Grotti 101
Professeur Magicus 52
Proust, Georges 33

R

Ricciardi Jr. 88
Rid, Samuel 47
Robert-Houdin, Jean-Eugène 29, 33, 41, 49, 50, 51, 53, 65, 67, 77, 82, 83, 88, 90, 96, 109
Robin 50
Roby, Fred 102
Rockefeller, Frances 70
Rohmer, Éric 66
Roth, David 32, 70
Rovère, Jules de 48
Ryss 62

S

Schlick, Georges 102
Scot, Réginald 46
Shaw, Allan 51
Sheshal 41, 62, 86
Shimada 32
Siegfried et Roy 74, 82, 97, 109
Skinner, Mickael 70
Slydini, Tony 32, 55, 83
Socrate 88
Spencer, Garrick 70
Spielberg, Steven 66
Steinmeyer, Jim 74, 108
Sylvan 56

T

Tabary, Francis 109
Tamariz, Juan 57
Taylor Barnum, Phineas 48

Thomas, Rick 56
Thurston, Howard 53, 88
Torrini 49

U-V

U.F. Grant 89
Valton, Jean 32
Vaucanson 29, 49, 62
Vega, Michel de la 88
Vereen, Ben 73
Vernes, Jules 66
Vernon, Dai 28, 32, 55, 71, 83, 105
Vogel, Maurice 90
von Kempelen 49

W

Waldys, Joe 33, 101
Webb, Dominique 25, 56, 88
Welles, Orson 54
Wessely, Otto 33, 98
Wier, Jean 46
Willthon, Dody 33, 101
Worousky 49
Wyrick, Mélinda 56
Wyrick, Steeve 56

Y

Yedid, Meyr 19
Yogano 88, 89

Z

Zauber Vase 38
Ziegfried et Roy 56

Table des matières

Sommaire 5
Introduction 7
   L'illusionnisme, art ancestral, universel et fascinant 9
Chapitre 1 : Comment devient-on illusionniste ? 13
   À quel âge commencer ? 15
   Faut-il avoir un don ? 16
   Existe-t-il des « écoles » d'illusionnisme ? 16
   Faut-il beaucoup d'argent ? 18
   Faut-il être adroit ? 19
   Comment les secrets sont-ils protégés ? 20
   La loi protège-t-elle les créations artistiques en illusionnisme ? 24
   Comment inventer un tour ? 25
      L'effet 26
      Le mécanisme 28
   Pourquoi étudier l'illusionnisme ? 30
   Quelles sont les différences entre un illusionniste,
   un magicien et un prestidigitateur ? 31
   Faut-il prêter serment ? 34
Chapitre 2 : L'évolution de l'art de l'illusion à travers les âges 35
   Illusionnisme et croyances 37
   Le Moyen Âge : illusionnisme et sorcellerie 42
   Le XVIIIe siècle : illusionnisme et physique 47
   Le XIXe siècle : âge d'or de l'illusionnisme 48

Les grands secrets du monde de l'illusionnisme

Du XXe siècle à nos jours : de Houdini à Las Vegas 53
Chapitre 3 : Les grands personnages du monde de l'illusionnisme 59
    Robert-Houdin 1805-1871 61
    Buatier de Kolta 1847-1903 63
    Georges Méliès 1861-1938 64
    Harry Houdini 1874-1926 67
    Horace Goldin 1873-1939 69
    Harry Blackstone 1885-1965 69
    Dai Vernon 1894-1992 70
    Tony Slydini 1901-1991 71
    Channing Pollock 1926- 71
    Siegfried et Roy 1939- & 1944- 72
    David Copperfield 1956- 73
Chapitre 4 : Les principes fondamentaux de l'illusionnisme 75
    Les apparitions 78
    Les disparitions 81
    Les transformations 84
    Les lévitations 86
    Les divinations 90
Chapitre 5 : Les différentes catégories de numéros d'illusion 93
    La manipulation 95
    La magie générale 96
    Les grandes illusions 96
    La magie comique 97
    L'escapologie 99
    Le pickpocketisme 100
    L'ombromanie 101
    La ventriloquie 102
    Le *close-up* 103
    Le mentalisme 107

Table des matières

Chapitre 6 : Les tours mythiques de l'illusionnisme 111
    La corde hindoue 113
    Les anneaux chinois 114
    Le lapin dans le chapeau 115
    La femme sciée en deux 116
    Le dé grossissant 118
    La boule volante 118
    La cible humaine 119
    La double vue 120
    La malle des Indes 122
    Les apparitions d'oiseaux 123
    La disparition d'un éléphant 124

Chapitre 7 : Techniques et trucages 127
    Les empalmages de la main 129
        L'empalmage à plat 129
        L'empalmage oblique 130
        L'empalmage perpendiculaire 130
    Serrage dans les doigts, face interne de la main 130
        La coulée avant 130
        L'italienne 131
        Dans la fourche du pouce 131
        Les pincements avant 131
    Serrage dans les doigts, face dorsale de la main 132
        La coulée arrière 132
        Les pincements arrière 132
        L'italienne arrière 132
    La levée double 133
    Les faux mélanges 135
    Les comptages 136
    Les forçages 137
    Le lapping 138
    Le sleeving 140
    Les changes 142

Les grands secrets du monde de l'illusionnisme

Les miroirs 143
Les trappes 144
Les doubles fonds 144
Les fils invisibles 145
La lumière noire 146

Chapitre 8 : Chacun son tour : à vous d'étonner vos amis 149

Les sucres passe-muraille 150
Le crayon qui pleure 152
Le ballon increvable 154
Le verre qui disparaît 156
Le papier coupé et reconstitué 158
Les 3 cordes 160
L'épingle voyageuse 162
Les gobelets magiques 164
L'étui qui disparaît 166
La pièce à travers le foulard 168
Sucre en poudre en morceau 170
Permutation de billets de banque 172
Les cordons du fakir 174
L'œuf qui disparaît 176
Un miracle par téléphone 178

Chapitre 9 : Glossaire de quelques termes et techniques utilisés en illusionnisme 179

Informations sur l'illusionnisme 189
Fabricants de matériel 189
Associations d'amateurs et de professionnels 190
Sites Internet d'informations générales 191
Spectacles permanents 192

Bibliographie 193
Index 199

www.ingramcontent.com/pod-product-compliance
Lightning Source LLC
Chambersburg PA
CBHW071705090426
42738CB00009B/1672